Zimmermann

Jedes Kind kann rechnen lernen

Der Autor

Klaus R. Zimmermann, Dr. rer. nat. und Dipl.-Math., ist Autor verschiedener erfolgreicher Bücher über Rechenschwierigkeiten/Dyskalkulie. In seiner Praxis in Frankfurt hat er mit Lerntherapien und Beratungen vielen Schülerinnen und Schülern bei der Überwindung ihrer Mathe-Schwierigkeiten geholfen.

Klaus R. Zimmermann

Jedes Kind kann rechnen lernen

... trotz Rechenschwäche/Dyskalkulie

Wie Eltern helfen können

Die im Buch veröffentlichten Ratschläge wurden mit größter Sorgfalt und nach bestem Wissen vom Autor erarbeitet und geprüft. Eine Garantie kann jedoch weder vom Verlag noch vom Verfasser übernommen werden. Die Haftung des Autors bzw. des Verlages und seiner Beauftragten für Personen-, Sach- oder Vermögensschäden ist ausgeschlossen.

Dieses Buch ist erhältlich als
ISBN 978-3-407-86516-8 Print
ISBN 978-3-407-86528-1 E-Book

5., aktualisierte Auflage 2024

Erweiterte Neuauflage 2018

in der Verlagsgruppe Beltz · Weinheim Basel
Werderstraße 10, 69469 Weinheim

Der Verlag dankt den Betreibern der Webseiten www.SpielundLern.de und www.thielchen.net für die Bereitstellung ihrer Produktfotos.
Lektorat: Tarek Münch
Umschlaggestaltung: www.stefanielevers.de (Gestaltung), www.stephanengelke.de (Beratung)
Umschlagabbildung: plainpicture/beyond/beyond foto (Bildnummer: p3165295f)
Satz: publish4you
Herstellung: Myriam Frericks
Druck und Bindung: Beltz Grafische Betriebe, Bad Langensalza
Beltz Grafische Betriebe ist ein Unternehmen mit finanziellem Klimabeitrag (ID 15985-2104-100).
Printed in Germany

Weitere Informationen zu unseren Autor_innen und Titeln finden Sie unter: www.beltz.de

Inhalt

Wie helfen Sie Ihrem Kind beim Rechnen? 54

Hilfsmaßnahmen der Schulen 141

Können außerschulische Einrichtungen wirksam helfen? 148

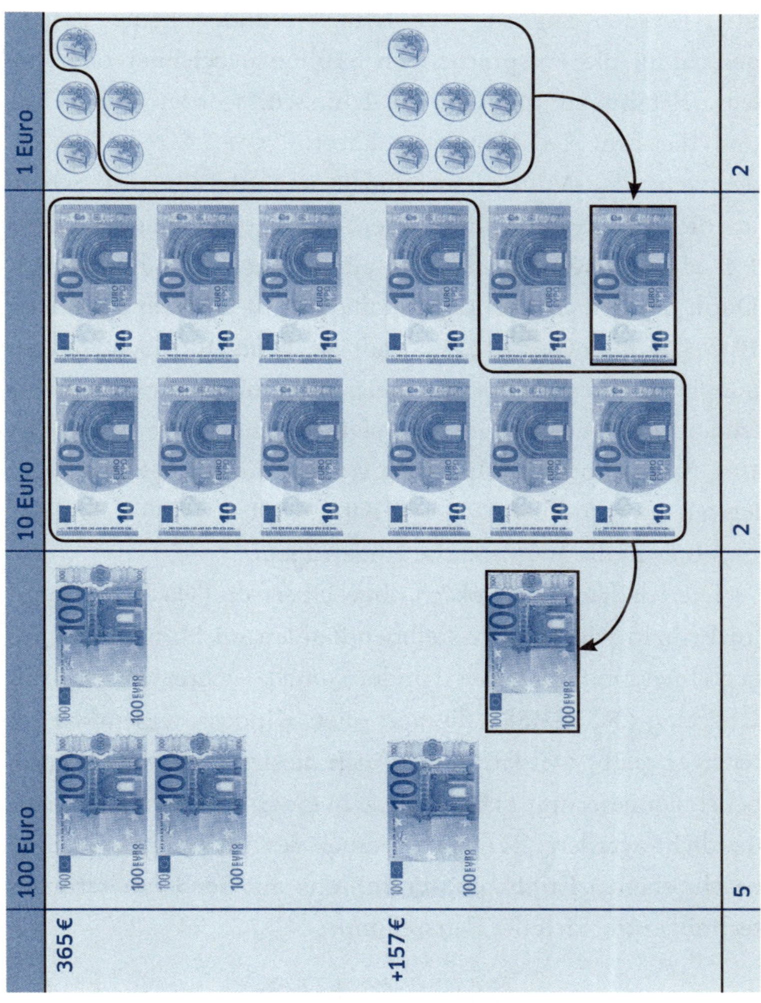
100 Euro
10 Euro
1 Euro
365€
+157€
5
2
2

Hier werden zunächst die Münzen und Scheine stellengerecht in die entsprechenden Spalten gezeichnet oder gelegt. Beginnend mit den 1-€-Münzen, werden die sieben und die fünf 1-€-Münzen addiert: 7 € + 5 € = 12 €, werden zehn 1-€-Münzen gebündelt und als ein 10-€-Schein in die 10-€-Spalte übertragen. Die verbleibenden zwei 1-€-Münzen werden als Ergebnis in die 1-€-Spalte notiert. Dann werden in der 10-€-Spalte die 10-€-Scheine addiert: 10 € + 50 € + 60 € = 120 €, und die zehn 10-€-Scheine gebündelt und als ein 100-€-Schein in die nächste Spalte übertragen. Die verbleibenden zwei 10-€-Scheine werden in die 10-€-Spalte notiert. Schließlich werden die 100-€-Scheine der letzten Spalte addiert: 100 € + 100 € + 300 € = 500 €, und das Ergebnis in die 100-€-Spalte eingetragen.

Die schriftliche Subtraktion ohne Übertrag (345 – 234) wird im Prinzip wie bei zweistelligen Zahlen im Hunderterraum gerechnet und fällt den Kindern auch leichter als die mit Übertrag (345 – 168), die von allen Kindern wesentlich intensiver geübt werden muss. Auch dieser Algorithmus kann bei stellengerechter Schreibweise in einer Stellentafel gut verdeutlicht werden. Bei Verwendung des im vorigen Kapitel beschriebenen Ergänzungsverfahrens mit der Erweiterungstechnik ergibt sich die Darstellung:

H	Z	E
3	4	5
– 1_1	6_1	8
1	7	7

Hierbei wird zunächst von 8 E zu 5 E + 10 E ergänzt, wenn zur oberen Zahl 10 E hinzugefügt werden. Das Ergebnis 7 E wird in die Einerstelle geschrieben. Die gleichzeitig zur unteren Zahl zu addierenden 10 E werden als (blaue) Merkzahl (1) in die nächste Stelle notiert (Sprechweise: von 8 bis 5 geht nicht, von 8 bis 15 sind 7, schreibe 7, merke 1), nachdem zur oberen Zahl 10 Z und entsprechend zur unteren 1 H (10 Z) hinzugerechnet wurden. Das Ergebnis wird in die Zehnerstelle geschrieben und die (blaue) Merkzahl (1) notiert (Sprechweise: 6 plus 1 ist 7, von 7 bis 4 geht nicht, von 7 bis 14 ist 7, schreibe 7, merke 1). Schließlich wird die Merkzahl (1) mit dem Hunderter addiert: 1 H + 1 H, und von 2 H zu 3 H ergänzt und das Ergebnis in der Hunderterstelle notiert (Sprechweise: 1 plus 1 ist 2, von 2 bis 3 ist 1, schreibe 1).

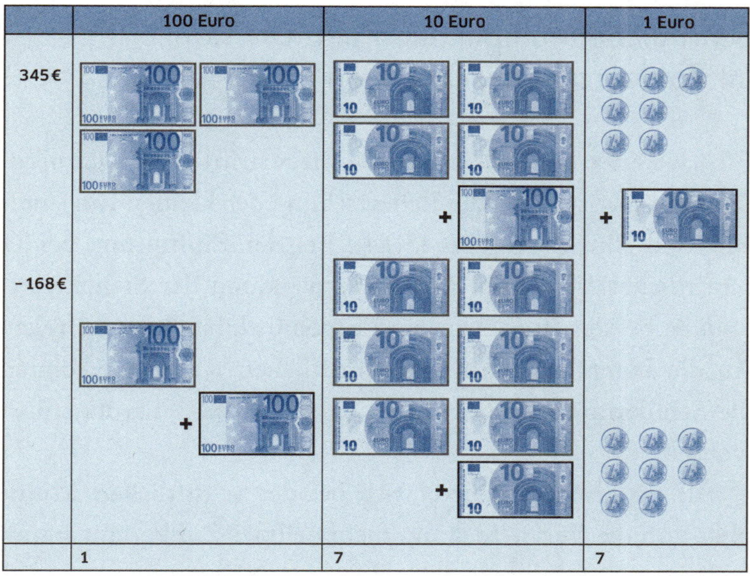

Da in der 1-€-Spalte nicht von acht 1 €-Münzen zu fünf 1-€-Münzen ergänzt werden kann, wird in der 1-€-Spalte oben ein 10-€-Schein (zehn 1-€-Münzen) und unten in der 10-€-Spalte auch ein 10-€-Schein addiert . Das Ergebnis der Ergänzung von acht bis 15 € (7 €) wird in die 1-€-Spalte eingetragen. Da in der 10-€-Spalte auch die Ergänzung von sieben 10-€-Scheinen zu vier 10-€-Scheinen nicht geht, wird auch hier oben ein 100-€-Schein und unten in der 100-€-Spalte ein 100-€-Schein hinzugefügt. Dadurch ist die Ergänzung von 10 € + 60 € zu 40 € + 100 € möglich und das Ergebnis (70 €) kann notiert werden. Schließlich wird in der 100-€-Spalte von 100 € + 100 € zu 300 € ergänzt und das Ergebnis (100 €) in die letzte Spalte eingetragen.

Schriftliche Multiplikation und Division im Zahlenraum bis 1 Million

Eine wichtige Voraussetzung für die schriftliche Multiplikation und Division ist die Beherrschung des kleinen Ein -maleins und Eins-durch-eins (S. 84). Bei der Einführung beider schriftlicher Verfahren ist die Verwendung der Stellenwertangabe bei der Aufgaben- und Ergebnisdarstellung hilfreich. An die komplexe Form des schriftlichen Rechnens können die Schülerinnen und Schüler nur schrittweise herangeführt werden.

Als erster Schritt bietet sich bei der schriftlichen Multiplikation die Vervielfachung mehrstelliger Zahlen mit 10 an, wobei die Multiplikation mit den Einern beginnt.

z. B.

T	H	Z	E		
	1	3	2	·	10
		2	0		
	3	0	0		
1	0	0	0		
1	3	2	0		

Diese Darstellung lässt erkennen, weshalb die Multiplikation einer beliebigen Zahl mit 10 zu einer Erweiterung der Zahlschreibung mit Null an der Einerstelle führt; entsprechend bei einer Multiplikation mit 100 zu einer Erweiterung der Zahlschreibung mit zwei Nullen an der Einer- und der Zehnerstelle usw.

Für die Einführung der Multiplikation mit einstelligen Zahlen, bei der keine Zahl zu übertragen ist, gibt es die Möglichkeit, die Verkürzung der Addition durch die Multiplikation zu wählen.

z. B.

H	Z	E		
1	3	2	·	3
1	3	2		
1	3	2		
1	3	2		
3	9	6		

Hieraus ergibt sich auch für Kinder mit RS nachvollziehbar die Schreibweise:

1	3	2	·	3
3	9	6		

Mit der Sprechweise:

3 mal 2 ist 6 (schreibe 6),
3 mal 3 ist 9 (schreibe 9)
3 mal 1 ist 3 (schreibe 3).

Bei Multiplikationsaufgaben werden in Schulbüchern häufig die Bezeichnungen Produkt und Faktoren verwendet: Z.B. nennt man 132 · 3 das Produkt der zwei Faktoren 132 und 3. Das Ergebnis 396 kann ebenfalls Produkt genannt werden, d.h. es gilt

1. Faktor · 2. Faktor = Produkt

Als Vertiefung ist die Ableitung aus dem halbschriftlichen Rechnen zu empfehlen. Die Zerlegung der dreistelligen Zahl kann dabei mit der Einerstelle beginnen:

z.B.	H	Z	E				H	Z	E
	1	3	2	·	3				
			2	·	3	=			6
		3	0	·	3	=		9	0
	1	0	0	·	3	=	3	0	0
							3	9	6

Diese Multiplikation kann auch konkret mit Geld in Stellentafeln dargestellt werden:

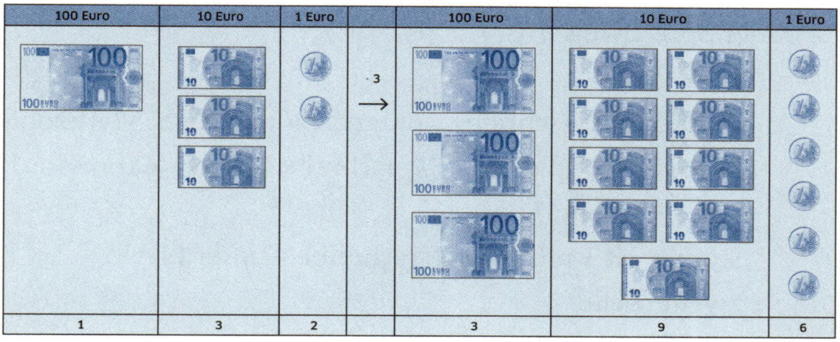

100 Euro	10 Euro	1 Euro	$\cdot 3$ $\longrightarrow$	100 Euro	10 Euro	1 Euro
1	3	2		3	9	6

Aus der Multiplikation mit 10 und mit einstelligen Zahlen ergibt sich die Multiplikation mit beliebigen Zehnerzahlen:

H	Z	E										
1	3	5	·	30	=	1	3	5	·	10	·	3

Die Multiplikation mit beliebigen zweistelligen Zahlen kann durch Anwendung der Rechengesetze vereinfacht werden z. B.

$$135 \cdot 23 = 135 \cdot (20 + 3) = 135 \cdot (3 + 20) = (135 \cdot 3) + (135 \cdot 20)$$

Diese Multiplikationen mit Einer- und Zehnerzahlen kann dann – mit Übertragung der kleinen Merkzahlen wie folgt zusammengesetzt und berechnet werden:

H	Z	E				T	H	Z	E
1	3	5	·	23					
1	3	5	·	3	=		4_1	0_1	5
1	3	5	·	20	=	2^1	7_1	0	0
						3	1	0	5

Mit der Sprechweise:

erste Zeile
3 mal 5 ist 15 (schreibe 5 unter E, notiere 1 als Merkzahl)
3 mal 3 ist 9 plus 1 ist 10 (schreibe 0 unter Z, notiere 1 als Merkzahl)
3 mal 1 ist 3 plus 1 ist 4 (schreibe 4 unter H)
zweite Zeile
0 mal 135 ist 0 (schreibe 0 unter E)
2 mal 5 ist 10 (schreibe 0 unter Z, notiere 1 als Merkzahl)
2 mal 3 ist 6 plus 1 ist 7 (schreibe 7 unter H)
2 mal 1 ist 2 (schreibe 2 unter T)
Summe
0 plus 5 ist 5 (schreibe 5 unter E)
0 plus 0 ist 0 (schreibe 0 unter Z)
7 plus 4 ist 11 (schreibe 1 unter H , notiere 1 als Merkzahl zur 2)
2 plus 1 ist 3 (schreibe 3 unter T)

Dabei entspricht die Sprechweise für diese Form der schriftlichen Multiplikation mit zweistelligen Zahlen im wesentlichen derjenigen mit einstelligen Zahlen.

Zur Kontrolle dieser komplexen Multiplikationen kann durch eine einfache Überschlagsrechnung die richtige Größenordnung sichergestellt werde:

135 wird aufgerundet auf den nächsten Zehner zu 140
23 wird abgerundet auf den nächsten Zehner zu 20
dadurch ergibt sich

H	Z	E		Z	E	
1	3	5	·	2	3	gerundet
1	4	0	·	2	0	= 140 · 2 · 10 = 280 · 10 = 2800

was mithilfe des großen Einmaleins 140 · 2 = 14 · 10 · 2 = 14 · 2 · 10 = 28 · 10 mit etwas Übung im Kopf gerechnet werden kann. Das Ergebnis des Überschlages ist eine 4-stellige Zahl d. h. hat die gleiche Größenordnung wie das exakte Ergebnis.

In der 4./5. Klasse gehört auch die Behandlung der schriftlichen Division einer mehrstelligen Zahl durch eine einstellige Zahl zum Unterrichtsstoff. Das ist schon deshalb der Fall, weil in der Regel die Lösung der Aufgaben nach dem schriftlichen Verfahren schneller als beim halbschriftlichen Rechnen zum Ergebnis führt. Voraussetzung für die fehlerfreie Anwendung des Berechnungsverfahrens der Division (Divisionsalgorithmus) ist auch hier die Beherrschung des Kopfrechnens und des halbschriftlichen Rechnens.

Bei der schriftlichen Division mit Zehnerzahlen sollte für RS-Schülerinnen und Schüler weiterhin die einfache Zerlegungsmöglichkeit wie beim halbschriftlichen Rechnen bestehen bleiben, z. B. 720 : 80 = 9 ist schwieriger zu berechnen als die halbschriftliche Darstellung 720 : 80 = (720 : 10) : 8 = 72 : 8 = 9 (vereinfacht: Nullen streichen), wobei erst der Wert in der Klammer berechnet wird.

Bei der schriftlichen Division muss der Schüler bzw. die Schülerin wissen, dass – im Gegensatz zur Multiplikation – die

Rechnung mit dem größten Wert (der linken Ziffer) beginnt. Als Schreibweise empfehle ich auch die Divisionsschreibweise mit Rest (»Hessischer Rahmenplan« 1995, S. 156) bzw. mit Klammern, z. B.:

H	Z	E				Z	E	
2	9	5	:	7	=	4	2	Rest 1 oder (1 : 7)
2	8							
	1	5						
	1	4						
		1						

Mit der Sprechweise (beginnend mit der 2 unter H):

2 geteilt durch 7 geht nicht, deshalb
29 geteilt durch 7 ist 4 (schreibe 4 als Ergebnis unter Z)
4 mal 7 ist 28 (schreibe 28 unter 29), Unterschied ist 1
hole 5 herunter (Pfeil), 15 geteilt durch 7 ist 2 (schreibe 2 unter E), 2 mal 7 ist 14 (schreibe 14 unter 15), Unterschied ist 1, 1 ist kleiner als 7 (schreibe Rest 1 oder 1 : 7).

Bei dieser Form der verkürzten Schreibweise ist unter Berücksichtigung der Stellenwerte auch der Zusammenhang zum halbschriftlichen Rechnen deutlich erkennbar:

H	Z	E						
2	9	5	:	7				
2	8	0	:	7	=	4	0	
	1	5	:	7	=	2		Rest 1 oder (1 : 7)

Auch bei der Division gibt es für die einzelnen Zahlen besondere Bezeichnungen.

So nennt man 295 : 7 den Quotienten der Zahlen 295 und 7. Die Zahl 295 ist der Dividend und die Zahl 7 der Divisor, d. h. es gilt:

Dividend : Divisor = Quotient

Wie bei der halbschriftlichen Division ist auch beim schriftlichen Dividieren mit der verkürzten Schreibweise eine Darstellung in Form des konkreten Rechnens mit Geld eine mögliche Hilfe zum Verständnis. Allerdings ist hier der Vergleich komplexer, wenn dem Berechnungsverfahren (Algorithmus) der schriftlichen Division das konkrete Handeln mit Geld gegenübergestellt wird. Auf diese Weise kann jedoch den Schülerinnen und Schülern, wenn es nötig ist, zusätzlich geholfen werden zu verstehen, welche mathematischen Operationen hinter dem formalen Ziffernrechnen stecken: Zeichnen Sie eine Stellentafel mit 1 Euro (Einer, E), 10 Euro (Zehner, Z) und 100 Euro (Hunderter, H)

Der Dividend wird mit Geld stellengerecht in die Tafel gelegt oder gezeichnet.

Die obige Aufgabe kann dann konkret wie folgt beschrieben und gerechnet werden:
Verteile 295 Euro auf 7 Personen.
Wie viel Euro erhält jede Person und wieviel Euro bleiben übrig?

100 Euro	10 Euro	1 Euro

2	9	5
29 Z		

Zur Veranschaulichung schrittweise (links beginnend)

1. **29 Z : 7 = 4 Z Rest 1 Z**
2. **(5 E – Rest 1 Z) : 7 = 2 E Rest 1 E**

Ergebnis: Jede Person erhält 42 Euro – 1 Euro bleibt übrig.

Bei der Division 295: 7 beginnt die schriftliche Berechnung links mit den beiden Ziffern 2 und 9, d. h., der Zahl 29, die durch 7 geteilt wird und das Ergebnis 4 ergibt, da $4 \cdot 7 = 28$ ist und der Unterschied 1 bleibt als Rest

$$
\begin{array}{l}
2\ 9\ 5 : 7 = 4 \\
\underline{2\ 8} \\
\ \ \ 1
\end{array}
$$

Diese Schreibweise bedeutet, wie im ersten Schritt veranschaulicht, dass zwei Hunderter (gewechselt) und neun Zehner zusammen 29 Zehner ergeben, die auf sieben Personen verteilt den Wert vier Zehner ergibt, d. h., jede Person erhält vier Zehner, und ein Zehner bleibt übrig.

Der nächste Schritt bei der Veranschaulichung des Algorithmus ist »die 5 E herunterholen und den Rest 1 zufügen«, wodurch die Zahl 15 entsteht, die durch sieben geteilt den Wert 2 E ergibt. Übrig bleibt die Differenz 1 als Rest.

```
2 9 5 ) : 7 = 4 2
2 8   |
-----  |
  1 5 <
  1 4
  ---
    1
```

Der formale Schritt, »die 5 E herunter holen und neben den 1 Zehner schreiben« (Pfeil) bedeutet konkret am Beispiel »Geld«: Zu dem verbleibenden Zehner, der in zehn Euro gewechselt wird, werden fünf Euro hinzuaddiert, sodass sich 15 Euro ergeben. Diese werden auf sieben Personen verteilt, und es erhält dadurch jede Person noch weitere zwei Euro zu den 40 Euro. Es bleibt ein Euro übrig (Rest 1 €).

Gerster (2009, S. 273) wies bei einem ähnlichen Zahlenbeispiel darauf hin, dass erst der Vergleich des mechanischen Ziffernrechnens mit dem konkreten Handeln mit Geld bei einem Schüler das Verständnis (Aha-Effekt) für das schriftliche Dividieren hervorgerufen hat. Darüber hinaus ist Wert darauf zu legen, dass das Verständnis an geeigneten Text-/

Sachaufgaben mit Aufteilungs- und Verteilungsstrategien gefestigt wird. Komplexere Divisionsaufgaben mit mehrstelligem Divisor können dem Arbeiten mit einem Taschenrechner vorbehalten bleiben.

Wie beim halbschriftlichen Verfahren ist auch beim schriftlichen Rechnen eine Automatisierung (S. 129) des Gelernten unbedingt erforderlich. Im Gegensatz zum halbschriftlichen Verfahren wird das schriftliche Rechnen in der Schule mit vielen Beispielen einschließlich der Sprechweise behandelt, aber der mit dem Algorithmus verbundene Rechenvorgang nicht immer ausgiebig genug den Kindern verständlich gemacht. Wichtig für Sie bleibt deshalb, sich davon zu überzeugen, ob Ihr Kind die eben beschriebene Vorgehensweise richtig verstanden hat. Es muss ihm klar sein, mit welchen Größen es rechnet und was die Merkzahlen im Einzelnen bedeuten. Andernfalls können sich immer wieder Fehler einschleichen, die vom Kind nicht selbstständig erkannt werden. Es ist natürlich nicht erforderlich, sich bei jeder Rechnung den Wert der Merkzahlen vor Augen zu halten. Das macht auch kein Erwachsener, selbst wenn er dazu in der Lage wäre. Durch die sich anschließende Automatisierung wird das Wissen so gefestigt, dass es auch unter Druck zur Verfügung steht.

Beispiel 4: Aylin, 5. Klasse

Thema: Mechanisches Rechnen. Vorgeschichte

Seit der ersten Klasse hatte Aylin Probleme im Rechnen. Als ihre Eltern mit ihr zu einem Beratungsgespräch kamen, besuchte sie die 5. Klasse einer integrierten Gesamtschule und hatte gerade im Zeugnis eine 5 in Mathematik erhalten. Die Eltern befürchteten ein weiteres Abrutschen ihrer schulischen Leistungen. Sie berichteten, dass Aylin bei den Matheaufgaben unkonzentriert sei und vor den Klassenarbeiten regelmäßig Bauchschmerzen bekomme. Trotz mehrmaliger Vorsprache der Eltern bei der Mathematiklehrerin gelang es ihnen nicht, für ihre Tochter eine schulische Förderung zu erhalten. Aylin besuchte deshalb seit der zweiten Klasse regelmäßig eine von ihnen privat finanzierte außerschulische Nachhilfeeinrichtung. Diese legte besonderen Wert darauf, dass die Kinder nach vorgegebenen Rechenwegen eine Vielzahl Übungsaufgaben fehlerfrei bewältigten, was auch ohne Verständnis der mathematischen Zusammenhänge allein durch Auswendiglernen erreicht werden konnte. Obwohl sie inzwischen über drei Jahre diese Nachhilfe erhalten hatte, zeigten sich weder Verbesserungen in ihren mathematischen Leistungen noch in ihrer Motivation.

Beratungsgespräch

Das Beratungsgespräch ergab einen gravierenden Entwicklungsrückstand im Rechnen. Besonders ausgeprägt war bei Aylin das mechanische Rechnen. Sowohl in der Grundschule als auch in der Nachhilfeeinrichtung war mit ihr das schriftliche Rechnen geübt worden, ohne dass sie die zahlenmäßigen und rechnerischen Zusammenhänge ausreichend verstanden hatte. So fehlte ihr die notwendige Klarheit bezüglich der Größe der Zahlen, der Maß- und Geldeinheiten und der schriftlichen Verfahren, vor allem der Subtraktion.

Therapiestunden

In der sich bei mir anschließenden Therapie begann ich nach der Behandlung des kleinen Einspluseins und des Einmaleins zügig mit dem halbschriftlichen Rechnen. Damit wollte ich ihre Motivation nach dem jahrelangen erfolglosen Üben durch Erfolgserlebnisse stärken. Aylin hatte den Wunsch, möglichst bald mit »großen Zahlen« zu rechnen, um schnell auch die Rechenaufgaben ihrer Klasse richtig lösen zu können. Trotz ihrer schlechten Erfahrungen wollte sie Additionen und Subtraktionen lieber nach dem schriftlichen anstatt nach dem etwas aufwendigeren halbschriftlichen Verfahren rechnen. Das lag natürlich auch daran, dass ihr das halbschriftliche Verfahren zunächst größere Mühe bereitete. Damit ihr Interesse erhalten blieb, sie aber dennoch ihre Fehler selbst finden konnte, ließ ich sie zunächst nach beiden Verfahren rechnen. Um die Größenordnungen besser erkennen zu können, sollte sie die Werte jeweils in eine Stellentafel eintragen. Zur Überprüfung der Ergebnisse gab ich ihr Euro- und Centmünzen, mit denen wir bereits gerechnet hatten.

So bat ich sie, Die Differenz zwischen 121 ct und 608 ct zu berechnen. Sie trug die Werte auch stellengerecht in eine Stellentafel ein, die wir vorher behandelt hatten. Dabei schrieb sie, entsprechend der Reihenfolge in der Aufgabenstellung, den Wert 1,21 € über den Wert 6,08 € in die Stellentafel, um sie zu subtrahieren. Auch bei der halbschriftlichen (schrittweisen) Subtraktion fiel ihr nicht auf, dass sie von der kleineren Zahl (121 ct) die größere Zahl (608 ct) abziehen wollte.

121ct / 608ct

121ct − 608ct =
121ct − 8ct = 113
113ct − 0ct = 113
113ct − 600ct = 487ct

10€	1€	10ct	1ct
	6	0	8
	1	2	1
	4	8	7

Sowohl bei der schriftlichen Subtraktion in der Stellentafel als auch bei der halbschriftlichen Subtraktion können Sie erkennen, dass Aylin rein mechanisch vorging, indem sie etwa von 113 ct den größeren Wert 600 ct bei der schrittweisen Subtraktion bzw. von 1,21 € in der Stellentafel 6,08 € abzog. Auffallend war jedoch, dass sie bei beiden Rechnungen tatsächlich das richtige Ergebnis erhielt. In der Schule wie bei der Nachhilfe wäre ihre Lösung demgemäß als »richtig« abgehakt worden, ohne weitere Nachfrage. Mich interessierte aber ihr Rechenweg und nicht das Ergebnis, das ich ja kannte. Diesen erläuterte sie mir auf Nachfrage. So rechnete sie 113 ct – 600 ct wie folgt: Von 3 bis 0 geht nicht, also von 3 bis 10 ist 7, merke 1, von 1 + 1 = 2 bis 10 ist 8, merke 1, und von 1 + 1 = 2 bis 6 ist 4. Sie rechnete also auch beim halbschriftlichen Rechnen nicht mit den ganzen Zahlen, sondern wie beim schriftlichen Rechnen nur mit den Ziffern, wie sie es in der Nachhilfe immer wieder mit der Sprechweise zur Subtraktion geübt hatte. Überdies vertauschte sie die Zahlen und rechnete nicht 113 ct – 600 ct, wie sie es aufgeschrieben hatte, sondern 600 ct – 113 ct. Diese Technik verwendete sie bei beiden Rechenverfahren.

Diese Aufgabe zeigt, dass Aylin das halbschriftliche Verfahren noch nicht verstanden hatte und es lediglich als eine andere Schreibweise des schriftlichen Verfahrens betrachtete.

Auch das schriftliche Verfahren wandte sie nur rein rezeptartig an (z. B. Vertauschung der Zahlen). Damit sie selbst feststellen konnte, worin ihre falsche Vorgehensweise bestand, gab ich ihr genügend viele 1-€-, 10-ct- und 1-ct-Münzen. Damit konnte sie ohne Weiteres 6,08 € und 1,21 € darstellen und erkennen, welcher Betrag größer war. Dabei wurde ihr auch klar, dass sie von 6,08 € den kleineren Wert abziehen musste. Sie korrigierte daraufhin sofort ihren Eintrag in der Stellentafel, indem sie die richtigen Zahlen einfach über die bisherigen schrieb. Damit ihr die Subtraktion auch mit den Münzen konkret gelang, wechselte ich ihr eine 1-€-Münze in zehn 10-ct-Stücke um.

In den nächsten Stunden wiederholten wir die Stellenwerte, die Zerlegung der Zahlen (einschließlich Geldwechseln) und das halbschriftliche Verfahren beim Addieren und Subtrahieren, so wie in den vorigen Kapiteln beschrieben. Unterstützt wurde diese Arbeit durch passende Spiele. Bei einem Einkaufsspiel hatte Aylin am Ende noch 32,85 € und ich 14,50 € übrig. Die Differenz zwischen beiden Werten, also wie viel Geld sie mehr hatte als ich, ermittelte sie schrittweise:

32,85€ – 14,50 =
32,85€ – 0,50 = 32,35
32,35€ – 4€ = 28,35
28,35€ – 10€ 18,35€

Sie benutzte hierbei das ihr mittlerweile sicherer erscheinende halbschriftliche Verfahren und kam auf diesem Weg problemlos zum richtigen Ergebnis.

Automatisierung mit der Lernkartei

Sowohl beim halbschriftlichen als auch beim schriftlichen Rechnen ist die Beherrschung des kleinen Ein-mal-eins wie auch des kleinen Eins-plus-eins eine wichtige Voraussetzung. Nur wenn diese Basisaufgaben schnell und ohne lange Überlegung aus dem Gedächtnis abgerufen werden können, bleibt genug Gedächtniskapazität frei, um mehrere Rechenoperationen hintereinander ausführen zu können. So muss sich das Kind beispielsweise beim halbschriftlichen Multiplizieren auf die Vorgehensweisen konzentrieren, wie sie im Vorangegangenen beschrieben wurden (Welche Zahl wird zerlegt? Wie wird schrittweise gerechnet?). Wenn dann das Ein-mal-eins nicht sicher beherrscht wird, ist das Gedächtnis überlastet und es kommt bei den Rechenoperationen leicht zu Fehlern. Es genügt deshalb nicht, die Ein-mal-eins-Reihe von Beginn an auswendig zu können. Es ist notwendig, die Ergebnisse der Ein-mal-eins-Aufgaben in jeder beliebigen Reihenfolge zu wissen, auch durcheinander.

Um das kleine Ein-mal-eins und das Eins-plus-eins zu automatisieren, hat sich die Arbeit mit einer Lernkartei als erfolgreich erwiesen.

Lernkartei zum Üben des Ein-mal-eins

Im Folgenden wird eine spezielle Lernkartei beschrieben, wie sie sich in meiner Arbeit bewährt hat. Eine Zusammenstellung (ohne Ergebnisse) der Ein-mal-eins-Aufgaben ergibt sich wie bei der Eins-plus-eins-Tafel aus der Ein-mal-eins-Tafel:

Ein-mal-eins-Tafel

In dieser Tabelle finden Sie alle 100 Multiplikationen des kleinen Ein-mal-eins. Wie Ihnen auffallen wird, sind die 45 Aufgaben oberhalb und unterhalb der blauen mittleren Aufgabenreihe gleich, da ihre Ergebnisse sich nach dem Vertauschungsgesetz nicht unterscheiden (z. B. 6 · 5 und 5 · 6). Damit müssen nur die oberen oder die unteren Aufgaben gelernt werden. Das erleichtert das Arbeiten mit der Lernkartei, wenn sich Ihr Kind jeweils an diese Vertauschungsmöglichkeit erinnert.

Die Lernkartei beruht auf dem Prinzip des wiederholenden Lernens. Danach benötigt ein Lernstoff mehrere (mindestens fünf) Wiederholungen in zeitlicher Abfolge, bis er im Gedächtnis (Langzeitgedächtnis) fest verankert ist. Deshalb durchlaufen die Karten der Lernkartei mindestens fünf Durchgänge. Dabei werden zuerst die leicht merkbaren Aufgaben (Kernaufgaben) geübt und dann die sich an diese anknüpfenden Ableitungsaufgaben. Erst danach schließt sich die vollständige mit eins beginnende Ein-mal-eins-Reihe (z. B. 1 · 5, 2 · 5, 3 · 5 ...) an. Diese Vorgehensweise erleichtert das verständnisvolle Lernen und knüpft an bereits Gewusstes an.

Damit beim Lernen mehrere Sinne angesprochen werden, sollten die Aufgaben nicht nur leise, sondern auch laut gelesen werden. Das gilt sowohl für die Aufgaben auf der Vorderseite als auch für die Aufgaben und Ergebnisse auf der Rückseite der Lernkarten.

Beim Automatisieren der Multiplikation kann auch deren Umkehrung, die Division, gleich mit einbezogen werden, wie es beim Erarbeiten der Operationen empfohlen wurde. Erfahrungsgemäß fällt es selbst Kindern mit RS nicht schwer, zu merken, dass aus jeder Multiplikation (z. B. $5 \cdot 7 = 35$) zwei Divisionen ($35 : 7 = 5$ und $35 : 5 = 7$) abgeleitet werden können. Deshalb kann in der Regel auf eine gesonderte Lernkartei für die Division verzichtet werden. Andernfalls ist eine Eins-durch-eins-Lernkartei nach der gleichen Struktur wie bei der Multiplikation zu verwenden.

Nach einer Einleitung, Erläuterung und kurzer gemeinsamer Übungszeit kann Ihr Kind das Ein-mal-eins mithilfe der Lernkartei selbstständig und ohne Kontrolle durch Sie üben, was einige Kinder als vorteilhaft empfinden.

Was benötigen Sie?

1. Einen etwa 12 cm × 18 cm großen Karteikasten zum Üben mit fünf verschieden breiten Fächern, in die jeweils passende Lernkarten in drei Farben (DIN A6 oder DIN A7) hineingesteckt werden können.
2. Einen Aufbewahrungskasten mit ca. 180 Lernkarten für die Multiplikation. In ihm werden die einzelnen Aufgabenpäckchen (z. B. Malnehmen mit 5) durch entsprechend beschriftete Registerkarten, die erkennbar aus den Lernkarten herausragen sollten, voneinander getrennt.

Die neun Registerkarten sind mit folgenden Überschriften versehen:
»Malnehmen mit 2«
»Malnehmen mit 3«
»Malnehmen mit 5« (usw.)
»Malnehmen mit 10«

Für das Malnehmen mit 1 werden keine Lernkarten benötigt, da die Aufgaben den Kindern meist bekannt sind. Überzeugen Sie sich aber davon, dass Ihr Kind weiß, was bei jeder beliebigen Zahl die Multiplikation mit 1 ergibt, nämlich die Zahl selbst.

Hinter den Registerkarten stehen jeweils graue, blaue und weiße Lernkarten mit den Aufgaben (z. B. 5 · 5) auf der Vorderseite und den Aufgaben mit den Ergebnissen (z. B. 5 · 5 = 25) auf der Rückseite. Dabei beinhalten die grauen Karten die Kernaufgaben, die blauen die Ableitungsaufgaben und die weißen die gesamte unveränderte Ein-mal-eins-Reihe. Da es das Lernen erleichtert, wenn an Bekanntes angeknüpft wird und weil dadurch für das Kind auch eine angenehmere Lernatmosphäre geschaffen wird, stehen auf den grauen und blauen Karten jeweils zwei bzw. drei Aufgaben. Die erste Aufgabe – ab der zweiten Karte – ist eine Wiederholung einer bereits vorangegangenen Aufgabe und die zweite bzw. dritte Aufgabe eine Kern- oder Ableitungsaufgabe.

3. Beispielsweise stehen hinter der Registerkarte Malnehmen mit 5 zunächst drei graue Karten mit den Kernaufgaben – jeweils die zweite Aufgabe – (2 · 5, 10 · 5, 5 · 5), die leicht zu merken sind: erste Karte 1 · 5, 2 · 5, zweite Karte 1 · 5, 10 · 5, dritte Karte: 10 · 5, 5 · 5.

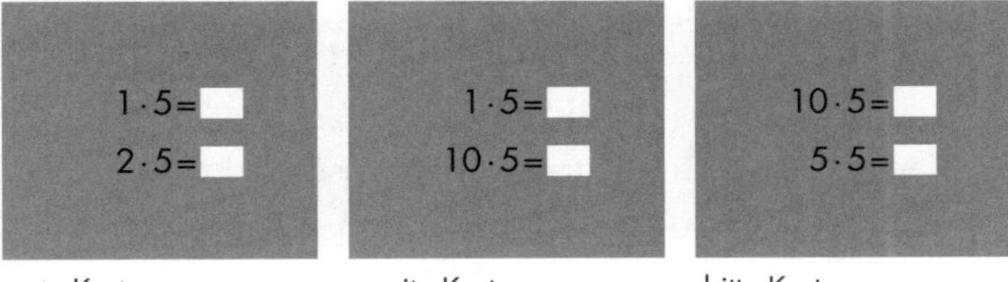

erste Karte zweite Karte dritte Karte

Danach schließen sich sechs blaue Karten mit Ableitungsaufgaben – jeweils die zweiten bzw. dritten Aufgaben – an. Zunächst kommen drei Karten mit Aufgaben, die den Kernaufgaben benachbart sind. Erste Karte: $2 \cdot 5$, $3 \cdot 5$, zweite Karte: $10 \cdot 5$, $9 \cdot 5$, und dritte Karte: $5 \cdot 5$, $6 \cdot 5$. Danach folgt eine Karte, deren Aufgaben durch Verdoppeln entstehen ($2 + 2 = 4$, $4 + 4 = 8$), vierte Karte ($2 \cdot 5$, $4 \cdot 5$ mit $8 \cdot 5$). Zum Schluss folgen noch zwei Karten, deren Aufgaben unterm Strich durch Addition ($5 + 2 = 7$) und durch Subtraktion ($10 - 2 = 8$) abgeleitet werden: fünfte Karte: $5 \cdot 5$, $2 \cdot 5$ mit $7 \cdot 5$, und sechste Karte: $10 \cdot 5$, $2 \cdot 5$ mit $8 \cdot 5$.

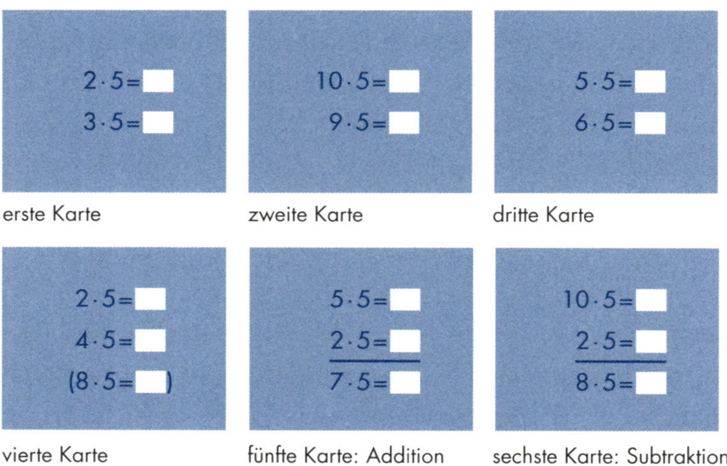

erste Karte, zweite Karte, dritte Karte

vierte Karte, fünfte Karte: Addition, sechste Karte: Subtraktion

Diese Zusammenstellung aller Ein-mal-eins-Aufgaben auf den grauen und blauen Karten erleichtert es, die noch nicht gewussten Ergebnisse abzuleiten. Daran schließen sich die 10 weißen Ein-mal-eins-Karten ohne zusätzliche Aufgaben an: $1 \cdot 5$, $2 \cdot 5$, $3 \cdot 5$, ..., $10 \cdot 5$. Mit den weißen Karten wird das unmittelbare Abrufen der Ein-mal-eins-Ergebnisse aus dem Gedächtnis geübt.

Die für das Ein-mal-eins mit fünf dargestellten Aufgaben und ihre Ergebnisse der Lernkarten gelten in gleicher Weise für alle anderen Ein-mal-eins-Aufgaben, indem die Multiplikation mit 5 jeweils durch die Multiplikationen mit 2, 3, 4, 6, 7, 8, 9 und 10 ersetzt wird.

Wie wird geübt?

Je nach dem Kenntnisstand Ihres Kindes sollten Sie »mäßig, aber regelmäßig« üben, d. h. an einem Tage höchstens 15 Minuten. Voraussetzung ist allerdings, wie bereits erläutert, dass Ihr Kind die Rechenoperation Multiplikation bereits »begriffen« hat.

Nehmen Sie jeweils die Lernkarten aus dem Aufbewahrungskasten heraus, die geübt werden sollen (z. B. 19 Karten einer Reihe). Beginnen Sie zunächst damit, die einzelnen Aufgaben auf den drei grauen Karten, dann auf den sechs blauen Karten und danach erst auf den zehn weißen Karten durchzugehen. Hierbei liest Ihr Kind die Aufgaben auf den Vorderseiten laut vor und nennt gleich ihre Ergebnisse oder leitet sie aus bekannten Ergebnissen ab (z. B.: Da $10 \cdot 5 = 50$ ist, ist $9 \cdot 5$ einmal 5 weniger, also 45). Anschließend werden sie sofort mit den Aufgabenergebnissen auf der Rückseite verglichen und laut vorgelesen. Dies kann nach Bedarf wiederholt werden.

Nach dieser Vorübung wird der zu übende Kartenstapel ungeordnet (vorher mischen) in das Fach 1 gelegt. Er wandert dann von dort bis ins Fach 5 (fertig), und zwar nach folgendem Verfahren:

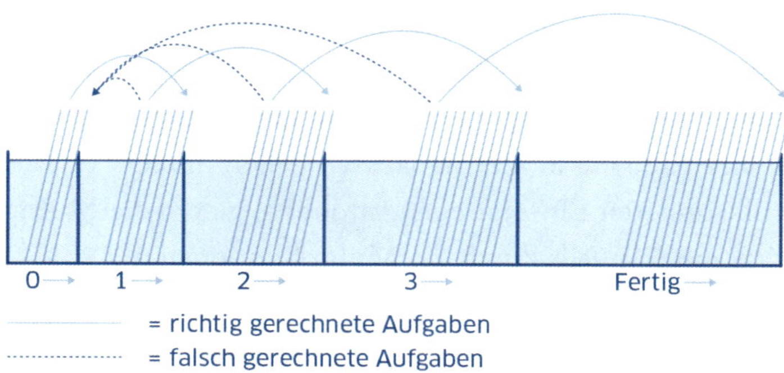

1. Durchgang: Jeweils eine Karte aus dem Fach 1 nehmen und die Aufgaben (möglichst laut) lesen, die Ergebnisse nennen und mit der Rückseite vergleichen. Stimmen die Ergebnisse, kommt die Karte in das Fach 2, wenn die Antwort schnell erfolgt. Sie erfolgt schnell, wenn für eine Aufgabe weniger als eine Sekunde und bei Nachbar- und Ableitungsaufgaben mit mehreren Teilaufgaben nur entsprechend mehr benötigt wird. Andernfalls wird das richtige Ergebnis (möglichst laut) gelesen und die Karte in das Fach 1 zurückgelegt.

Weitere Durchgänge: An einem anderen Tag werden die verbliebenen Karten des Fachs 1 wie beim ersten Durchgang behandelt und die Karten, deren Ergebnisse schnell genannt wurden, ins Fach 2 gelegt. Die anderen bleiben im Fach 1 und werden beim nächsten Üben mit einbezogen. Wenn die Karten des Fachs 2 durchgearbeitet werden, kommen die Karten mit den richtig genannten Ergebnissen ins Fach 3. Von dort wandern wiederum die Karten mit den richtig genannten Ergebnissen ins Fach 4 und die nicht gewussten ins Fach 1 zurück.

An einem weiteren Tag wird ein neu zu lernender Stapel aus dem Aufbewahrungskasten in das Fach 1 gelegt. Dabei dürfen die Stapel nicht zu groß sein, damit sie in das Fach 1 passen, bevor sie in das Fach 2 wandern. Geübt wird dann wie beschrieben. Vom Fach 4 wandern die Karten mit den richtigen Ergebnissen ins Fach »Fertig«.

Letzter Durchgang: Haben alle Karten nach längerer Übungszeit das letzte Fach erreicht, werden sie mit »f« (fertig) gekennzeichnet. Sie werden in den Aufbewahrungskasten zurückgelegt. Für jede gelernte Reihe sollten Sie eine kleine Belohnung für Ihr Kind vorsehen.

Wichtig bei diesem Verfahren ist es, dass die Aufgabenkarten, deren Ergebnisse nicht schnell genug gewusst oder wieder vergessen wurden, immer in das Fach 1 zurückgehen, auch wenn sie bereits im Fach 3 oder 4 waren! Bei Bedarf, z. B. wenn im Schulunterricht vermehrt multiplikative Aufgaben durchgenommen werden, kann das Üben des Ein-mal-eins – auch unter Berücksichtigung der Division – nochmals wiederholt werden.

Wie sieht eine kompetente Förderung durch Eltern aus?

- Sie erfordert bestimmte Verhaltensweisen, die von Ihnen eingehalten werden sollten, und die Kenntnis wichtiger Grundsätze, um mathematisches Basiswissen vermitteln zu können.
- Ihr Kind muss spüren, dass Sie es lieben und annehmen, so wie es ist und unabhängig von seinen schulischen Leistungen.

- Wählen Sie für das häusliche Üben einen ruhigen Platz ohne Ablenkung. Üben Sie nicht zu lange, aber regelmäßig.
- Das Denken Ihres Kindes ist durch geeignetes, konkretes Anschauungsmaterial zu unterstützen. Wenn eine Rechenoperation »begriffen« wurde, muss dies durch häufiges Wiederholen unbedingt automatisiert werden.
- Zunächst sollte in dem Zahlenraum gearbeitet werden, in dem Ihr Kind ohne Hilfe rechnen kann. Es muss sowohl die Zählzahlen und Ordnungszahlen als auch die Kardinalzahlen erkennen und mit ihnen rechnen können. Besonders wichtig ist das Kopfrechnen, ohne zu zählen.
- Hilfreich beim Lernen der Grundrechenarten bis 100 und darüber hinaus ist das halbschriftliche Rechenverfahren. Auch die Multiplikation und Division können mit diesem Verfahren anschaulich am Zahlenstrahl geübt werden.
- Die schriftlichen Rechenverfahren müssen nach allgemein vereinbarten Vorgehensweisen und Sprechweisen den Kindern deutlich werden.

Spielen hilft!

Kinder brauchen positive Spielerfahrungen für eine gesunde Entwicklung, gerade dann, wenn ihnen fehlende Lernerfolge zu schaffen machen. Sie als Eltern können Ihr Kind unterstützen, indem Sie mit einer positiven inneren Einstellung mit ihm spielen, um z. B. neue Motivation und Zuversicht zu bekommen. Dabei sollte nicht die Leistung, das Gewinnen oder Verlieren im Zentrum stehen. Wichtig sind das gemeinsame

Erleben ohne Zwang und die Entspannung, wobei ganz nebenbei rechnerische Fähigkeiten wie die Grundrechenarten, Geschicklichkeit und Bewegungskoordination geübt werden, um nur einige der beim Spielen geförderten Aspekte aufzuführen.

Wie in der Beratung von Anna (S. 152) unter Bespiel 5 im folgenden Kapitel beschrieben. kann ein Kind beim Spielen seine Fähigkeiten ohne Druck ausprobieren und entfalten und positive Erfahrungen sammeln. Das gelingt allerdings nur dann, wenn das Kind sein Selbstwertgefühl in ermutigenden und erfreulichen Spielsituationen verbessern kann. Eltern, die mit ihrem Kind spielen, müssen deshalb darauf achten, dass es viele Gewinnchancen erhält. Dazu können Sie z. B. die Regeln abändern oder neu fassen.

Spiele mit Murmeln, Bällen, Springseil, Bausteinen oder mit Münzen können die rechnerischen Fähigkeiten ganz nebenbei unterstützen. Außerdem gibt es eine Fülle an Gesellschaftsspielen, die nebenbei oder explizit Rechenoperationen üben. Hier eine kleine Auswahl, geordnet nach Spielverlagen:

- Amigo: Splat, Halli Galli, Rinks&Lechts, Hol's der Geier, 6 nimmt!
- Kosmos: Gelb gewinnt! Scout Kannst du rechnen?
- Ravensburger: Abenteuer auf dem Zahlenfluss, 1 x 1 Spiel, Rauf und Runter, Rechen-Kapitän, Schnuff, Trio, Wer kennt die Uhr?
- Schmidt: Kniffel, Das Taschengeld-Spiel
- Zoch Spiele: Zicke Zacke Hühnerkacke, Heckmeck am Bratwurmeck.

Rätsel und mathematische Experimente für Kinder sind u. a. in den folgenden Publikationen zu finden:

- Beutelsbacher, A./Wagner, M.: Wie man durch eine Postkarte steigt … und andere spannende mathematische Experimente. Freiburg (Herder)
- Dahl, K. / Lepp, M.: Wollen wir Mathe spielen? Witzige Spiele und kniffelige Rätsel. Hamburg (Oetinger)
- Mathe-Stars Knobel- und Sachaufgaben 2.–4. Klasse Berlin (Cornelsen)
- Mathe-Logicals für kleine und große Mathefüchse. Schafhausen (Schubi)
- Newth, Ei./Müller, H.: Die Krähe, die nicht bis 5 zählen konnte. Geschichten aus der tollen Welt der Zahlen. München (Hanser)
- Simon, N. und H.: Förderhefte Matehmatik. 1.–4. Schuljahr. Bamberg (Mildenberger)

Unter https://www.legakids.net/kids/spiele werden eine Reihe vergnüglicher animierter Rechenspiele angeboten.

Hilfsmaßnahmen der Schulen

In Deutschland hat jedes der 16 Bundesländer seine eigene Kulturhoheit mit unterschiedlichen rechtlichen Bestimmungen für alle Schulformen. Dementsprechend hat jedes Land eigene Mathematiklehrpläne mit pädagogisch-didaktischen Anweisungen und Prüfungsordnungen (Rahmenpläne, Bildungsstandards). Damit bei den Lehrplänen eine gewisse Einheitlichkeit hergestellt werden kann, veröffentlicht die Ständige Konferenz der Kultusminister (KMK) von Zeit zu Zeit Beschlüsse, die den Ländern als Grundlage für fachspezifische Anforderungen dienen sollen, z. B. für den Mathematikunterricht an Grundschulen.

Ebenso legt die KMK in zeitlichen Abständen Grundsätze zur Förderung von Schülern mit besonderen Schwierigkeiten im Lesen und Rechtschreiben (LRS) vor, nach denen die Bundesländer die Gestaltung ihrer Ländererlasse ausrichten sollen.

Leider konnte sich die KMK lange Zeit nicht auf Grundsätze für Kinder mit Rechenschwierigkeiten einigen, obwohl es entsprechende Empfehlungen gab, die gutachterlich u. a. seinerzeit von mir unterstützt wurden. Das bekommen Eltern mit RS-Kindern beim Umzug in ein anderes Bundesland zu spüren. Erst in einer Neufassung vom 15.11. 2007 hat die KMK die »Grundsätze für Schülerinnen und Schüler mit besonderen Schwierigkeiten im Lesen und Rechtschreiben« um einen Abschnitt für »Schülerinnen und Schüler mit besonderen Schwierigkeiten im Rechnen« erweitert. Allerdings beschränkt sich der Beschluss der KMK auf den Hinweis, dass die »pädagogischen Möglichkeiten in der Schule durch eine differenzierte Förderung auszuschöpfen« sind. Eine Berücksichtigung von Schwierigkeiten im Rechnen bei der für die Kinder besonders wichtigen Benotung wird jedoch für »kaum möglich« gehalten, da »das Ergebnis verfehlter Rechenoperationen häufig dysfunktional ist«. Was darunter genauer zu verstehen ist, wird allerdings nicht erläutert.

Alle Bundesländer haben schulrechtliche Bestimmungen, die Schülerinnen und Schüler mit LRS und in vielen Fällen nun auch mit RS berücksichtigen. Einige lehnen sich z. T. wörtlich an die KMK-Grundsätze an.

Welche schulischen Entlastungen Ihrem Kind zustehen, hängt von den schulrechtlichen Bestimmungen in Ihrem Bundesland ab, oft eingebettet in die Schulgesetze des einzelnen Bundeslandes.

Wie wichtig sind für Ihr Kind die schulrechtlichen Bestimmungen Ihres Bundeslandes bei RS?

Die Bestimmungen bilden den Rahmen für die Maßnahmen, die bei Kindern mit Lernproblemen zur Feststellung und Förderung bei RS einzusetzen sind. Verstöße der Schulen gegen Verordnungen können – im Gegensatz zu Richtlinien – sogar eingeklagt werden. Sie werden in Amtsblättern oder offiziellen Rundschreiben der Bundesländer veröffentlicht und sollten allen Unterrichtenden bekannt sein. Eltern können die schulrechtlichen Bestimmungen, die für Kinder mit Rechenschwierigkeiten gelten, bei ihrer zuständigen Schulbehörde anfordern oder sie im Internet von der Homepage der Kultusbehörde herunterladen.

Schulische Entlastungen sind für RS-Kinder meistens nur für die Grundschulzeit vorgesehen. Diese Einschränkung in den entsprechenden Ländererlassen wurde vorgenommen, obwohl bekannt ist, dass die Schwierigkeiten im Rechnen in vielen Fällen erst gegen Ende der Grundschulzeit oder in der Sekundarstufe auffallen. Das liegt daran, dass im Rechnen lange Zeit richtige Ergebnisse durch bloßes Auswendiglernen erzielt werden können, was vorübergehend zu ausreichenden Leistungen führt (siehe S. 23, Mechanisches Rechnen).

In einigen Ländern werden für Kinder mit RS Hilfen in Form eines Nachteilausgleichs angeboten. Dieser beinhaltet insbesondere die Ausweitung der Arbeitszeit, beispielsweise bei Klassenarbeiten, den Einsatz didaktischer und technischer Hilfsmittel und das Entwickeln einer dem individuellen Lernstand angepassten Aufgabenstellung. Dabei wird nicht auf die fachlichen Anforderungen verzichtet; wohl aber werden die äußeren Bedingungen verbessert.

Bei der Inanspruchnahme des Nachteilausgleichs treten jedoch Unsicherheiten auf wegen der teilweise unklaren Formulierungen und Auslegungen in den verschiedenen Bundesländern und sogar Schulen. Hinzu kommt die Angst von Eltern, dass ihr Kind als »behindert« angesehen werden könnte, was sich längerfristig auf das spätere Leben des Kindes z. B. bei Bewerbungen negativ auswirken würde.

Wie sieht die praktische Umsetzung der schulrechtlichen Bestimmungen aus?

Als Eltern müssen Sie damit rechnen, dass der Kenntnisstand der Lehrerinnen und Lehrer höchst unterschiedlich ist und dass nicht alle die Bestimmungen Ihres Bundeslandes kennen und Kinder mit RS in der vorgeschriebenen Weise fördern. Eltern treffen auch immer wieder auf Lehrkräfte, die nicht akzeptieren wollen, dass Kinder mit unterschiedlichen Fähigkeiten und Fertigkeiten in die Schule kommen und nur durch einen differenzierten Unterricht und individuelle Unterstützung in ihrem Lernprozess erfolgreich sein können. Nach wie vor erleben Eltern, wie die Lernschwierigkeiten ihres Kindes als Intelligenzschwäche angesehen werden, für die sich Lehrer der Regelschule nicht zuständig fühlen. Die Verantwortung wird dann an schulpsychologische Dienste, Ärzte, Elternberatungsstellen, private Einrichtungen oder Sonderschulen delegiert. Klagen über fehlende fachwissenschaftliche und vor allem fachdidaktische mathematische Ausbildung der Lehrkräfte werden seit Jahrzehnten von Fachleuten und Verbänden geführt, haben aber nur zu punktueller Besserung geführt. Ähnlich problematisch sieht es mit der Weiterbildung im Bereich der Rechenschwierigkeiten und der förderdiagnostischen Arbeit aus.

Andererseits gibt es aber auch engagierte Lehrerinnen und Lehrer, die den Kindern mit Problemen im Rechnen mit großem Verständnis und besonderen Förderangeboten, auch über die jeweiligen Länderbestimmungen hinaus, entgegenkommen. Sie nutzen den ihnen zur Verfügung stehenden pädagogischen Ermessensspielraum im Interesse des einzelnen Kindes voll aus. Doch selbst bei größtem Engagement wird es immer wieder einzelne Kinder geben, deren Schwierigkeiten so komplex sind, dass sie nicht mit schulischen Mitteln allein behoben werden können. Sie benötigen unter den heutigen schulischen Bedingungen eine intensive integrative außerschulische Einzelförderung.

Damit Sie es erreichen können, dass die Lehrerin oder der Lehrer sich für Ihr Kind besonders engagiert, sollten Sie einen intensiven Kontakt suchen.

Worauf müssen Sie bei Gesprächen mit den Lehrkräften achten?

Ein regelmäßiger Austausch zwischen Elternhaus und Schule ist immer wichtig, ganz besonders natürlich bei Schwierigkeiten des Kindes beim Lernen. Besuchen Sie die Elternabende, um die schulischen Konzepte kennenzulernen, und besuchen Sie in Abständen die Sprechstunden der Klassen- und Mathematiklehrkräfte Ihres Kindes. Da Elternabende sich nicht für Gespräche über einzelne Kinder eignen, sollten Sie sich zum Einzelgespräch mit der Lehrerin anmelden. Ein vertrauensvolles Gesprächsklima ist für alle Betroffenen von Vorteil, am meisten für Ihr Kind.

Für das Gespräch mit der Lehrkraft folgende Tipps:

- Hören Sie sich zunächst die Einschätzung der Lehrkraft an. Fragen Sie nach, wenn Ihnen Einzelheiten unverständlich sind oder Sie diese anders sehen.

- Achten Sie aber immer darauf, dass Sie Ihr Kind im Gespräch nicht in irgendeiner Form herabsetzen oder intime persönliche Dinge preisgeben.
- Andererseits sollte die Schule Bescheid wissen, wenn häusliche Probleme oder Krankheiten für einen Leistungsabfall infrage kommen.
- Versuchen Sie zu erfahren, wo die Lehrerin die Stärken und Schwierigkeiten Ihres Kindes sieht und wie Sie die Bemühungen der Schule zu Hause sinnvoll unterstützen können.
- Haben Sie kritische Anmerkungen, so belegen Sie diese möglichst mit konkreten Beispielen aus Hausheften, Klassenarbeiten, Notizen.
- Diskutieren Sie möglichst sachlich und vermeiden Sie persönliche Angriffe.
- Sind für Ihr Kind Fördermaßnahmen vorgesehen, so verlangen die schulischen Bestimmungen den Einbezug der Eltern. Nutzen Sie diese Gespräche, um die bestmögliche Hilfe für Ihr Kind zu erhalten.
- Lassen Sie sich von der Lehrkraft über die eingeleiteten Maßnahmen (z. B. Förderpläne) der Schule aufklären.
- Sollte es trotzdem zu größeren Auseinandersetzungen kommen, so sollten Sie immer den Dienstweg einhalten, also zuerst mit der betroffenen Fachlehrerin sprechen, dann mit der Klassenlehrerin und danach mit der Schulleitung, bevor Sie das Schulamt oder das Kultusministerium einschalten. Erfreulicherweise gelingt es aber den meisten Eltern, das notwendige Verständnis für ihr Kind zu erhalten, ohne diesen Dienstweg beschreiten zu müssen.

Möglichkeiten staatlicher Förderung und Beratung

Die Beratungs- und Förderungsmöglichkeiten für das Fach Mathematik sind in den einzelnen Bundesländern unterschiedlich geregelt. Entsprechend sollten Sie sich hinsichtlich der länderspezifischen Bestimmungen kundig machen.

Um Ihrem Kind zu helfen, ist der regelmäßige Austausch mit der Fachlehrerin oder dem Fachlehrer besonders wichtig. Kritische Anmerkungen sollten Sie möglichst mit konkreten Beispielen (Hausaufgabenheft, Klassenarbeitsheft usw.) belegen.

Können außerschulische Einrichtungen wirksam helfen?

Reicht schulische Hilfe nicht oder findet im Unterricht keine Förderung statt, so sollten Sie sich, wenn Sie die Förderung Ihres Kindes nicht selbst durchführen oder durchführen lassen, nach einer außerschulischen Einrichtung umsehen.

Als Eltern müssen Sie darauf achten, dass die Förderung der mathematischen Kompetenz im Zentrum der Arbeit steht. Wichtig ist, dass ausgehend vom Entwicklungsstand Ihres Kindes der Rückstand in den mathematischen Grundlagen schrittweise abgebaut wird. Um individuell und gezielt helfen zu können, empfiehlt sich bei einem größeren Entwicklungsrückstand eine Einzeltherapie, die in kürzerer Zeit die fehlenden Einsichten unter Einbezug der emotionalen Befindlichkeit vermitteln kann als bei einer Förderung in einer Gruppe. Angebote, deren Schwerpunkt auf dem Auswendiglernen vorgegebener Rechenwege beruht, sollten Sie sehr kritisch hinterfragen.

Hinsichtlich der Ausbildung von Therapeuten und Therapeutinnen, die Kinder mit RS fördern sollen, besteht ein großer Nachholbedarf. Leider gibt es keine verbindliche universitäre Aus- und Weiterbildung, und die wird es wegen der vielen unterschiedlichen Sichtweisen wohl auch kaum geben. Sie sollten deshalb Wert darauf legen, dass der Therapeut oder die Therapeutin Ihres Kindes in einer außerschulischen

Einrichtung ein abgeschlossenes Hochschulstudium mit den Schwerpunkten Mathematik oder Pädagogik besitzt und eine Zusatzausbildung im Bereich RS absolviert hat. Grundvoraussetzungen einer therapeutischen Tätigkeit mit RS-Kindern sind ein solides pädagogisches Wissen und Kenntnisse in Methodik und Didaktik der Mathematik, insbesondere des mathematischen Anfangsunterrichts und Empathie.

Welche Ziele sollte eine außerschulische Förderung verfolgen?

Ziel der Förderung muss sein, Ihr Kind möglichst rasch an die Lernziele seiner Jahrgangsstufe in Mathematik heranzuführen, sein Selbstvertrauen und sein Selbstwertgefühl zu stabilisieren, seine Eigenständigkeit zu erhöhen, die Motivation zu verbessern und seine Ängste gegenüber Mathematik und seine Abneigung gegenüber dem Lernen abzubauen.

Unter der Voraussetzung, dass ein Kind das Förderangebot bereitwillig annimmt, intensiv und regelmäßig mitarbeitet und von den Eltern aktiv unterstützt wird, kann eine grundlegende Verbesserung der Leistung in Mathematik erzielt werden. Ich stelle das FIT-Konzept auch deswegen vor, damit sich Eltern, die ihr Kind selbst fördern wollen, an ihm orientieren können.

Der Erfolg der Arbeit hängt von der Berücksichtigung der folgenden sechs Bausteine ab, die ich in meiner Praxis im Rahmen des Frankfurter integrativen Therapiekonzepts (FIT) für Kinder mit RS entwickelt habe.

Baustein 1: Ausgangspunkt ist das Erstellen eines individuellen Förderplans auf der Basis eines Beratungsgesprächs mit den Eltern und dem Kind. Hierauf beruht

Baustein 2: die Förderung der mathematischen Kompetenz unter Berücksichtigung der spezifischen Interessen und Lernwege des Kindes, wobei in

Baustein 3: die psychischen Bedürfnisse und Nöte des Kindes in die Therapiestunden einbezogen werden und in

Baustein 4: das Kind eine nachvollziehbare Therapiestruktur erfährt. Lernmethodische Hilfen erleichtern die Organisation seines Lernens.

Baustein 5: Gespräche und Absprachen mit den Eltern und Kontakt zu den Lehrkräften begleiten und stützen den Therapieprozess.

Baustein 6: In der Förderarbeit werden nur methodisch-didaktisch geeignete Arbeitsmaterialien eingesetzt.

Die sechs Bausteine des FIT-Konzepts

Zum besseren Verständnis werden diese sechs Bausteine näher beleuchtet:

Baustein 1

Für die Eingangsdiagnose von RS haben sich intensive Beratungsgespräche als aussagekräftiger erwiesen als die Ergebnisse standardisierter Rechen- und Intelligenztests. Vor jedem Beratungsgespräch erhalten die Eltern einen Fragebogen, der zur Vorbereitung und Information dient.

Der Fragebogen betrifft die Gründe für die Beratung, die frühkindliche, vorschulische und bisherige schulische Entwicklung des Kindes, eine eventuelle schulische und/oder außerschulische Förderung sowie eine Einschätzung der emotionalen Befindlichkeit. In Anwesenheit der Eltern wird in einem 1 ½ bis 2 Stunden dauernden Anamnesegespräch der aktuelle Lernstand des Kindes ermittelt und seine mathematische Denkweise unter Einbezug der Auswirkungen auf sein Verhalten und seine Psyche analysiert. Das Beratungsgespräch basiert u. a. auf den von Ginsburg entwickelten Fragestellungen zur Untersuchung von Lernschwierigkeiten, wobei die beiden folgenden Verfahren eingesetzt werden:

> Das »klinische Interview«, eine flexible Befragung des Kindes, bei dem sich der Erwachsene bemüht, dem Denken des Kindes zu folgen, ohne es zu beeinflussen und ohne dem Kind sein Wissen aufzudrängen.

Das »laute Denken«, bei dem das Kind dem Erwachsenen seine Rechenwege erläutert und begründet. Bei Kindern, die es nicht gewöhnt sind, ihre Gedanken sprachlich auszudrücken, sind dabei die eingeschränkte Ausdrucksfähigkeit und Sprachgewandtheit durch zusätzliche Erläuterungen und Nachfragen zu berücksichtigen.

Mithilfe einer Fehleranalyse wird untersucht, welche Fehler bei einer Rechenaufgabe gemacht und welche ungeeigneten Strategien hierbei eingesetzt werden. Dadurch lässt sich auch feststellen, ob und welche Aufgaben nur mechanisch gelöst werden und welche Vorstellungen das Kind von der Mathematik hat.

Oft fehlt Kindern mit RS die Einsicht in den Zusammenhang zwischen informeller und formaler Mathematik. Die »informelle« Mathematik ergibt sich aus Alltagssituationen, wie das Zählen und Rechnen beim Spielen oder beim Umgang mit Taschengeld. Mit »formal« bezeichnet man die Mathematik, die in der Schule nach den Lehrplänen unterrichtet wird. Eltern und Kind sollen in dem Beratungsgespräch erkennen, welche mathematischen Kenntnisse bereits vorliegen und wo eine systematische Förderung ansetzen müsste. Es werden Anregungen zum Umgang mit dem Kind gegeben, mit dem Ziel, sein Selbstwertgefühl zu stärken, das durch die Lernprobleme oft angegriffen ist. Hier ein Auszug aus einem Beratungsgespräch aus meiner Praxis:

Beispiel 5: Beratung Anna

Beratungsgespräch mit Eltern und Kind. Vorgeschichte

Annas Eltern machten sich Sorgen um ihre neunjährige Tochter, die in der 4. Klasse große Schwierigkeiten in Mathematik zeigte. Sie suchten die Beratung, um konkrete Hilfen zu erhalten. Aus dem Anamnesebogen und dem Gespräch mit den Eltern ergab sich folgende Vorgeschichte:

Seit der dritten Klasse hatten die Eltern beobachtet, dass ihre Tochter beim Rechnen zunehmend unkonzentrierter wurde, leicht weinte und sich immer unsicherer fühlte. Ihre Klassenarbeiten wurden immer häufiger mit »mangelhaft« benotet. Nach Meinung der Lehrerin waren Annas Leistungen lediglich sehr schwankend, aber es liege keine Rechenschwäche vor. Da die Eltern beunruhigt waren und eine weitere Verschlechterung der Mathematikleistungen und des Selbstwertgefühls ihrer Tochter befürchteten, ließen sie Anna in einer Universitätsklinik untersuchen. Der psychologische Untersuchungsbericht bescheinigte Anna eine Teilleistungsschwäche und Dyskalkulie und empfahl den Eltern weitere Untersuchungen der Tochter.

Beratungsgespräch

Während des Beratungsgesprächs zeigte sich Anna aufgeschlossen. Die entspannte Atmosphäre erleichterte es ihr, ihre Denkstrategien beim Rechnen darzulegen. Ihre Vorgehensweise wurde in den unterschiedlichen mathematischen Stoffgebieten durch gezielte Fragestellungen (nach Ginsburg) eingehend untersucht. Im Verlauf des Beratungsgesprächs wurde Anna mit diesen Fragestellungen konfrontiert. Das Beratungsgespräch wurde aufgenommen und als Gesprächsprotokoll festgehalten. Zur Veranschaulichung des Verfahrens wird nachfolgend zu vier wichtigen Fragestellungen jeweils ein Auszug aus dem Gesprächsprotokoll zitiert und die erzielten Ergebnisse beschrieben.

1. Fragestellung

Welche fehlerhaften oder ungeeigneten Strategien verwendet Anna?

Ergebnis

Obwohl Anna bereits die 4. Klasse besuchte, benutzte sie beim Kopfrechnen im kleinen Eins-plus-eins über den Zehner immer noch die zeitaufwendige und fehleranfällige Strategie des Zählens.

Protokoll:

Zimmermann: »Wir haben hier eine Dose mit Muggelsteinen. Du nimmst dir vier Steine und ich nehme drei. Wie viele Steine haben wir zusammen?«

Anna: »Sieben.«

Z.: »Stimmt. Nun nimmst du dir neun Steine und ich nehme mir sieben. Wie viele haben wir zusammen?«

A.: hielt die Hände unter dem Tisch und zögerte. »Mhm, 16.«

Z.: »Wie bist du darauf gekommen?«

A.: »Weil ich gerechnet habe ...«

Z.: »Ja, wie hast du gerechnet, womit hast du angefangen?«

A.: »Mit neun.«

Z.: »Und was hast du dann gemacht?«

A.: »Sieben dazugerechnet.«

Z.: »Wie hast du das gemacht?«

A.: »Mit den Fingern.«

Z.: »Aha. Erzähl doch mal, wie. Also neun hast du erst einmal, und nun? Kannst du mir zeigen, wie du das gerechnet hast?«

A.: zählte mit den Fingern über dem Tisch: »Zehn, elf, zwölf, dreizehn, vierzehn, fünfzehn, sechzehn.«

Anna zählte bei dieser Aufgabe über den Zehner, indem sie mit dem kleinen Finger der rechten Hand begann und mit den Fingern der linken Hand weiterzählte.

2. Fragestellung

Welche Vorstellungen hat Anna von der Mathematik?

Ergebnis

Anna hatte die Vorstellung, dass mehrstellige Zahlen wie 321 eine Zusammenstellung von Ziffern sind. Sie konnte die Zahl nicht mit einer Anzahl von Personen in Verbindung bringen.

Protokoll

Z.: »Da steht die Zahl 321. Nehmen wir an, das sind 321 Personen. Was bedeutet dann diese Zwei hier?« Ich zeigte auf die Ziffer 2 der Zahl 321.

A.: »Ist nur eine ...« (schwieg)

Z.: »Für wie viele Personen steht diese Zwei?«

A.: »Das ist gar keine Person ...«

Z.: »Sondern?«
A.: »Eine Zahl.«

Anna gelang es nicht, die Ziffern der Zahl mit der Anzahl von Personen in Verbindung zu bringen.

Z.: »Ja, wenn diese Zahl 321 Personen bezeichnen soll, dann bedeutet diese Ziffer«, ich zeigte auf die Eins in 321, »hier eine Person. Aber was bedeutet diese Zwei an dieser Stelle der Zahl 321?«
A.: »Das ist die Mitte ...«
Z.: »Ja, warum hast du sie in die Mitte geschrieben?«
A.: »Vielleicht, weil es eins, zwei, drei geht.«

Trotz des Hinweises auf die Bedeutung der Einerstelle der Zahl gelang es Anna nicht, einen Zusammenhang mit der Personenanzahl herzustellen. Sie hatte auch keine genaue Vorstellung vom Stellenwertsystem unserer Zahlen. Überraschend für mich war auch der vorher von mir nicht beachtete, aber richtige Hinweis auf die Zahlenfolge 1, 2, 3.

3. Fragestellung

Löst Anna ihre Aufgaben mechanisch?

Ergebnis

Anna rechnete die schriftliche Addition und Subtraktion mehrstelliger Zahlen überwiegend mechanisch. Sie hatte keine ausreichende Vorstellung von der Bedeutung des Übertrags. Bei der Subtraktion versuchte sie beispielsweise, eine größere von einer kleineren Zahl abzuziehen.

Protokoll

Z.: »Kannst du auch mit großen Zahlen rechnen? Schreib mal 138 – 219 auf. Wie rechnest du das? Sag mir erst einmal, kann man diese Aufgabe überhaupt rechnen?«

Ich gab ihr eine Subtraktionsaufgabe, bei der ich, ohne es zu wollen, die Zahlen vertauschte. Ich fragte aber gleich nach, ob man diese Aufgabe überhaupt rechnen kann. Anna war so auf die großen Zahlen fixiert, dass sie meine Frage nicht beachtete und gleich rechnete.

A.: Schreibt die Zahlen richtig untereinander.

$$\begin{array}{r} 138 \\ -\ 219 \\ \hline \end{array}$$

»Ich rechne nun von 9 bis 18.«

Z.: Und das ergibt?

A.: »Neun.« Anna zählt leise und schreibt 9 als Einer.

Z.: »Ja, das weißt du auch ...«

A.: »Und eins plus eins bis drei ist eins.« Anna schreibt 1 als Zehner.

Sie rechnete nun mechanisch die Einer und Zehner nach der Ergänzungsmethode. Sie begann richtig mit der Einerstelle, indem sie von der 9 zur 18 ergänzte. Dazu musste sie sowohl zur oberen Zahl (zu den 8 Einern) als auch zur unteren Zahl (zu dem einen Zehner) jeweils 10 addieren, wodurch sich das Ergebnis nicht veränderte. Dann ergänzt sie an der Zehnerstelle von 2 (1 + 1) zur 3 und erhielt insgesamt 19.

Z.: »Ja … und dann?«
A.: »Null kommt dahin.« Sie schreibt unter dem Strich der Aufgabe 1019.

Nun wandte sie eine falsche Strategie an, indem sie die Ziffern (1 und 2) vertauschte, anstatt – wie es die Aufgabe verlangte – 1 Hundert minus 2 Hundert zu rechnen, was natürlich nicht ohne Weiteres geht. Deshalb rechnete sie einfach 20 – 10 und schrieb die Differenz 10 vor das bisherige Ergebnis 19.

Z.: »Warum kommt dahin eine Null?«
A.: »Weil das ’ne Tausenderzahl ist.«
Z.: »Dann zeig mir mal die Tausenderzahl.«
A.: Anna zeigte auf die Eins der vierten Stelle. »Da!«
Z.: »Stimmt, das ist ein Tausender. Ich muss dir ein Geheimnis verraten. Diese Aufgabe kann man gar nicht rechnen, weil man nicht eine größere Zahl von einer kleineren abziehen kann.«

Anna versuchte, durch das auswendig gelernte Rechnen mit den Ziffern die Subtraktion zu lösen, ohne eine Vorstellung von der Größenordnung der Zahlen zu haben. Deshalb beendete ich die Situation, indem ich ein »Geheimnis« zu lüften vorgab.

4. Fragestellung

Kann Anna eine Verbindung zwischen »formaler« und »informeller« Mathematik herstellen?

Ergebnis

Anna konnte die in der Schule gelernten Ein-mal-eins-Aufgaben auswendig aufsagen, aber nicht in einem Sachzusammenhang anwenden. Sie löste beispielsweise Divisionsaufgaben zweistelliger gerader Zahlen (wie 20 : 4) durch das ihr aus dem Alltag geläufige Halbieren und nicht mithilfe des Ein-mal-eins.

Protokoll

Z.: »Machen wir jetzt noch etwas anderes. Wir teilen. Hier hast du wieder Muggelsteine. Du teilst diese Steine unter uns beiden auf.« Ich gebe ihr acht Steine und frage: »Wie viele hat jeder?«

Mit dieser Übung möchte ich Anna einfache Aufgaben handelnd rechnen lassen.

A.: »Vier.«

Z.: »Richtig, nun nimmst du 10 Steine und teilst sie unter uns beiden auf.«

A.: Anna nahm keine Steine, sondern nannte gleich das Ergebnis. »Fünf.«

Z.: »Sehr schön. Jetzt hast du 12 Steine. Wie viele bekommt jeder von uns vieren hier am Tisch? Wie kannst du das rechnen?«

Als ich die Zahl, durch die zu teilen ist, auf 4 erhöhte, half sich Anne wieder mit dem konkreten Material und halbierte die Anzahl der Steine zweimal. Sie legte 12 Steine auf den Tisch und teilte sie auf uns auf.

Z.: »Wie hast du das gerechnet?«
A.: »Zwei mal drei ist sechs.«
Z.: »Wir sind aber hier vier.«
A.: »Ja, aber noch zweimal.«
Z.: »Das stimmt. Nehmen wir an, wir haben 20 Steine und jetzt teilst du die auf vier auf, wie machst du das?«
A.: »Jeder drei.«
Z.: »Wie rechnest du das?«

Meine Frage veranlasste Anna, ihr spontan genanntes Ergebnis zu überprüfen.

A.: »Es kriegt jeder fünf.«
Z.: »Richtig, wie hast du das gerechnet?«
A.: »Einfach die 20 durchteilen und dann die Fünf, die Zehn, die zwei Zehner.«
Z.: »Hast du erst die Zehn aufgeteilt oder was hast du zuerst gemacht?«, fragte ich nochmals nach.
A.: »Die 20 durchgeteilt und dann die Zehn.«
Z.: »Das ist klug. Du hast also erst die 20 geteilt, da hast du 10 bekommen, und dann hast du die 10 nochmals geteilt und hast fünf erhalten, richtig?«
A.: »Ja.«

Anna hatte die Division nicht mithilfe der »formalen« Mathematik, also der Umkehrung des Ein-mal-eins gelöst, sondern mit der ihr vertrauten Halbierungsmethode (informelle Mathematik). Sie konnte beide Methoden nicht miteinander verbinden.

Folgerungen

Das Ziel der Beratung wurde in dem ca. 1 ½-stündigen Gespräch erreicht. Sowohl die Eltern als auch das Kind hatten wichtige Informationen über den aktuellen Lernstand erhalten und die bestehenden Schwierigkeiten im Rechnen aufgezeigt bekommen. Zur Verringerung der Rechenschwierigkeiten und zur Verbesserung des Selbstwertgefühls wurde den Eltern abschließend eine außerschulische Förderung für ihre Tochter empfohlen.

Baustein 2

Um die mathematische Kompetenz eines Kindes zu fördern, ist die Anwendung des von Heckhausen entwickelten Prinzips der Passung sehr geeignet. Danach soll eine Aufgabe nur so schwierig sein, dass sie den momentanen Kenntnisstand des Kindes nur um ein Geringes übersteigt. Anders ausgedrückt, die Aufgabenanforderung und die Fähigkeit des Kindes müssen »passen«. So wird erreicht, dass für ein Kind Erfolg oder Misserfolg beim Lösen der Aufgabe gleich wahrscheinlich werden, das Kind also nicht über- und auch nicht unterfordert wird. Nach diesem Prinzip ist es nicht sinnvoll, mit einem Kind Divisionsaufgaben zu üben, wenn ihm die Multiplikation mit ihren unterschiedlichen Aspekten noch nicht ausreichend vertraut ist.

Ausgehend von der richtigen Passung an den Lernstand des Kindes kann dann die mathematische Kompetenz schrittweise – d. h. unter Berücksichtigung der hierarchischen Struktur der Mathematik (von einfachen zu komplexen Zusammenhängen) – aufgebaut werden. Dabei sind je nach Lernstand die in diesem Buch beschriebenen mathematischen Themen zu behandeln. Dazu gehören das Erkennen der verschiedenen Zahlaspekte, die Behandlung der Rechenoperationen im Zahlenraum bis 10 und später bis 100, das Erlernen des kleinen Eins-plus-eins und des Ein-mal-eins, das Erarbeiten der unterschiedlichen Aspekte der Multiplikation und Division, das Verstehen des Gleichheitszeichens und das Üben des halbschriftlichen und anschließend des schriftlichen Rechnens.

Baustein 3

Als Gründe für eine Beratung nennen Eltern neben den Problemen mit dem Fach Mathematik auch Veränderungen im Sozialverhalten ihres Kindes, wie aggressives oder ängstliches Verhalten, Hilflosigkeit beim Erledigen von Hausaufgaben, Unruhe und mangelndes Selbstbewusstsein. Mehr als die Hälfte der Eltern geben mangelnde Konzentrationsfähigkeit ihres Kindes als Hauptgrund für den Beratungsbedarf an. Nach allgemeiner Erfahrung hat ein Kind in der Regel gewichtige Gründe, wenn es in der Schule versagt. Dies sind manchmal auch ungelöste innere Konflikte, die nichts mit dem Lernen in der Schule zu tun haben. Dazu gehören beispielsweise Probleme innerhalb der Familie, negative Erlebnisse mit Mitschülern oder Lehrern. Diese individuell unterschiedlichen Gründe herauszufinden und Lösungswege zu finden ist eine wichtige Aufgabe einer Therapie.

Der geschützte Raum der Therapie gibt dem Kind die Chance, sich von Belastungen zu lösen und im Gespräch und Spiel neue Wege und Sicherheit zu erwerben.

Baustein 4

In einer Therapie soll das Kind lernen, seine bisherigen negativen Erfahrungen mit dem Lernen durch positive zu ersetzen. Hilfreich hierfür ist eine ausgewogene Balance zwischen Lernen, Gespräch, Spiel und Entspannung. Jede Therapiestunde sollte eine bestimmte Struktur haben, die entsprechend an das aktuelle Bedürfnis des Kindes angepasst wird.

Zu den Elementen dieser Struktur gehören:

Das Gespräch über die wichtigsten Ereignisse seit der letzten Therapiestunde, das Abreagieren von Stress am Boxsack oder mit dem Springseil, Entspannungs- und Lockerungsübungen, verteilt über eine Therapiestunde.

Die Behandlung der mathematischen Themen, die dem Entwicklungsstand des Kindes entsprechen, in zeitlich begrenzten Abschnitten, in denen das Kind gefordert, aber nicht überfordert wird. Zur Förderung der Lernmotivation eignet sich das Belohnen der richtigen Lösungen und Lösungswege z. B. durch Punkte. Bei Erreichen einer bestimmten Punktezahl darf sich das Kind eine kleine Belohnung aussuchen.

Das Automatisieren, das heißt das Festigen, Wiederholen und Üben des bereits »begriffenen« mathematischen Stoffs, damit das Gelernte nicht wieder vergessen wird.

Das Nacherzählen kurzer Texte, die sich das Kind ausgesucht und gelesen hat. Auf diese Weise wird das Textverständnis gefördert, das vor allem beim Lösen von Sachaufgaben erforderlich ist.

Das gemeinsame Spiel bei freier Auswahl von Brett-, Computer und freien Spielen, in denen nebenbei auch rechnerische Fragestellungen enthalten sind. Dabei kann das Kind seine Fähigkeiten ausprobieren und entfalten, Erfolge erzielen und positive Erfahrungen sammeln.

Baustein 5

In den regelmäßig stattfindenden Gesprächen werden die Eltern über den Umgang mit den Rechenschwierigkeiten ihres Kindes (Belohnung, Ermutigung, Unterstützung in der Schule, Beschäftigung zu Hause) aufgeklärt und beraten, die aktuelle Lernsituation des Kindes in der Schule und Therapie besprochen und sich über die Veränderungen im schulischen und familiären Bereich ausgetauscht.

Da zur Festigung des in der Therapie behandelten Lernstoffs wiederholendes häusliches Üben wichtig ist, wird dies den Eltern erläutert. Sinnvoll ist auch der Kontakt zur Schule nach Rücksprache mit den Eltern. Ein mit der Lehrkraft abgestimmtes Vorgehen im Mathematikunterricht ist für das Kind sehr hilfreich, aber leider nicht in jedem Fall erreichbar.

Baustein 6

Ohne Anschauungsmittel beziehungsweise Arbeitsmaterialien kann keine Förderung auskommen. Konkretes Anschauungsmaterial ist wichtig, damit ein Kind, vor allem im Anfangsstadium, durch eigene Handlungen die mathematischen Zusammenhänge »begreifen« kann. Hierzu gehören beispielsweise die bereits vorgestellten Muggelsteine, Zahlenplättchen sowie Geldmünzen und Scheine, aber auch Maßbänder und Lineale, Messbecher und Gewichte für die Maßeinheiten (wie Meter, Liter, Kilogramm).

Im folgenden Kapitel S. 167 werden die Übungsmaterialien für das Zahlenrechnen beschrieben, die in den Therapien eingesetzt werden und sich zum Arbeiten mit RS-Kindern besonders eignen.

Interessante Kinderbücher und Spiele sowie Computerprogramme gehören auch zu den Materialien, die bei Kindern mit RS zusätzlich eingesetzt werden. Wichtig ist hierbei, dass sie das Interesse des Kindes wecken und ihm Freude machen. Leider sind nicht alle Spielanleitungen so geschrieben, dass sie vom Kind allein verstanden werden können.

Die Bücher müssen dem jeweiligen Entwicklungsstand des Kindes angepasst sein und vom Inhalt und von der Gestaltung her zum Lesen motivieren.

Bei der Auswahl der Spiele (Würfelspiele, Aktions- und Reaktionsspiele, Rechenspiele, Denkspiele) wird darauf geachtet, dass sie für zwei Spieler geeignet sind und unterschiedliche Schwierigkeitsgrade haben.

Wie sieht eine kompetente Förderung durch Eltern aus?

Als Eltern müssen Sie darauf achten, dass im Zentrum Ihrer Arbeit die Förderung der mathematischen Kompetenz Ihres Kindes steht. Wenig hilfreich sind Wahrnehmungsübungen, die nicht oder nur zum Teil mit mathematischen Fragestellungen verbunden werden.

Eine Förderung sollte das Erreichen der Lernziele der Jahrgangsstufe im Mathematikunterricht sowie die Stabilisierung des Selbstwertgefühls und die Verbesserung der sozialen Beziehungen des Kindes zum Ziel haben.

Um negative Erfahrungen mit dem Lernen durch positive ersetzen zu können, sollten Sie Wert darauf legen, dass in einer Förderung eine ausgewogene Balance zwischen Lernen, Gespräch, Spiel und Entspannung stattfindet.

Bestehen Sie darauf, dass regelmäßig Gespräche zwischen Ihnen als Eltern und dem Therapeuten/der Therapeutin stattfinden, in denen ein Austausch über die aktuelle Lernsituation und die Entwicklung Ihres Kindes erfolgt.

Das in der Förderung bereits Erarbeitete sollte durch häusliche Übungen gefestigt werden, damit es dem Kind in der schulischen Situation zur Verfügung steht. So kann das Elternhaus zusätzlich zur Verbesserung der mathematischen Kompetenz des Kindes beitragen.

Welche Übungsmaterialien eignen sich für Kinder mit RS?

Ein häufiger Grund für Rechenschwierigkeiten ist das ausschließliche Rechnen mit Symbolen in Form von Zahlen und Rechenzeichen, wenn es in der Schule zu früh eingeführt wird und zu wenig konkretes Übungsmaterial zur Verfügung steht.

Dabei ist bekannt, dass sich das Denken nicht nur auf der Ebene der symbolischen Darstellungen vollzieht, sondern ebenso auf den Ebenen, die von Handlungen und Bildern bestimmt werden. Vor allem für Kinder im Grundschulalter sind diese Ebenen des Denkens besonders wichtig. Auch ohne dieses pädagogische Vorwissen sprechen alle Erfahrungen für das Lernen mit allen Sinnen wie Sehen, Hören und Fühlen. Sicher haben Sie schon von Ratschlägen zum Lernen mit Kopf, Herz und Hand gehört, das daran anknüpft.

Es war vor allem Jean Piaget, der die Denkentwicklung von Kindern im mathematischen Bereich intensiv untersuchte. Nach seinen Feststellungen vollzieht sich das Denken der Kinder in Abhängigkeit vom Alter auf drei unterschiedlichen Stufen. Dabei ist die Denkentwicklung auf der untersten Stufe an das Handeln mit konkretem Material gebunden. Das Handeln bildet danach die Grundlage für die Verinnerlichung, also für den verständnisvollen Umgang mit Rechenoperationen. Piaget lenkte damit den Blick auf die Bedeutung des Übens mit Anschauungsmaterialien für das Lernen. J. Bruner entwickelte Piagets Ansätze weiter. Er fand heraus, dass die Denkentwicklung unabhängig vom Alter gleichzeitig auf den folgenden drei Darstellungsebenen verläuft, die in Wechselbeziehung zueinander stehen:

1. Darstellungsebene: Die Ebene des Erfassens von Zusammenhängen durch eigene Handlungen mit konkretem Material (z. B. Hantieren mit Muggelsteinen).
2. Darstellungsebene: Die Ebene des Erfassens von Zusammenhängen durch Bilder oder Zeichnungen (z. B. gezeichnete Punktmengen).
3. Darstellungsebene: Die Ebene des Erfassens von Zusammenhängen durch Ziffern und Rechenzeichen (z. B. Gleichungen wie 12 : 4 = 3).

Die Berücksichtigung aller drei Ebenen ist beim Üben wichtig, jedoch nicht immer muss das Lernen mit konkretem Handeln beginnen. Die Verwendung von Übungsmaterialien sollte kein Selbstzweck sein und ist nur dann sinnvoll, wenn sie dem Kind das Verständnis für mathematische Zusammenhänge erleichtert.

Deshalb sind vor allem bei jüngeren Kindern im Anfangsunterricht und bei Kindern mit RS Handlungen, die zunächst konkret und dann in der Vorstellung ausgeführt werden, von zentraler Bedeutung für das Lernen. Das Kind soll innere Vorstellungsbilder in seinem Kopf aufbauen, diese mit seinem Wissen verbinden und der zu lösenden Aufgabe anpassen. Handeln mit Material sowie entsprechende zeichnerische Darstellungen können so zu Vorstellungsbildern für Rechenaufgaben wie Additionen und Subtraktionen führen. Ein bloßes Anschauen (z. B. eines Bildes im Rechenbuch) reicht bei diesen Kindern nicht, um einen Rechenvorgang in der Vorstellung nachvollziehen zu können und zu verstehen. Das Handeln mit konkretem Übungsmaterial oder das Zeichnen von Bildern, die den Rechenvorgang repräsentieren, ist hier unerlässlich.

Es ist für Sie beim Arbeiten mit Ihrem Kind wichtig, dass diese konkreten Darstellungen des Rechenvorganges nicht von Ihnen, sondern von Ihrem Kind selbst ausgeführt werden.

Beim Hantieren mit Material vollzieht sich das Lernen der Kinder durchaus unterschiedlich und ist abhängig von der individuellen Vorerfahrung im Umgang mit Material. Zudem können nicht alle Kinder mit einem Material gleich gut arbeiten. Einige Kinder entwickeln im Laufe der Zeit Vorlieben für bestimmte Materialien. Hat Ihr Kind eine solche Vorliebe für ein Material, so sollten Sie es verwenden. Sie müssen jedoch darauf achten, dass das Material auf die Aufgabenstellung abgestimmt ist, wie es im Folgenden beschrieben wird. Nach meiner Erfahrung ist es nicht hilfreich, das Material häufig zu wechseln. Um Ihnen die Auswahl an geeigneten Materialien zu erleichtern, werden zusätzlich zu den bereits dargestellten nun noch einige besonders geeignete Übungsmaterialien vorgestellt. Hierbei wird gleichzeitig angegeben, welche Aufgaben damit am sinnvollsten geübt werden können.

Von dem riesigen, unüberschaubaren Angebot an Übungs- und Lernmaterialien sollten Sie sich nicht beeindrucken lassen. Entscheidend für den Lernerfolg ist weniger eine Vielzahl aufwendig gestalteter Materialien als vielmehr der richtige, verständnisvolle Umgang mit ihnen. Mit wenigem erreicht man oft mehr. Kein Übungsmaterial ermöglicht allein »spielerisches Lernen«, auch wenn es immer wieder behauptet wird.

Die in den folgenden Abschnitten beschriebenen Materialien können Sie – sofern Sie sie nicht selbst herstellen – entweder in der Schule Ihres Kindes ausleihen, im Handel erwerben oder in einem Lernmittelverlag – meist über das Internet – bestellen.

Rechnen im Zahlenraum bis zehn

Ein einfaches und am Anfang geeignetes Anschauungsmittel sind unsere zehn Finger.

Alle Kinder – sicher auch Ihr Kind – rechnen oder rechneten zunächst mehr oder weniger lange mit ihnen. Wie bereits beschrieben, verwenden die Kinder dabei verschiedene Vorgehensweisen (Strategien), die zu unterschiedlichen Fehlern führen können und sehr zeitaufwendig sind. Zählen mit den Fingern sollte deshalb nur in der Zeit des Schulbeginns unterstützt werden, da viele Kinder bereits vor der Schulzeit so rechnen. Schon bei größeren Zahlen zeigt sich aber sehr schnell die Unzulänglichkeit dieses Vorgehens. Durch das zählende Rechnen kann auch keine Einsicht in die Rechengesetze entwickelt werden. Bereits zu Beginn des Arbeitens mit Ihrem Kind ist es deshalb hilfreich, wenn Sie ihm die bereits beschriebenen Muggelsteine (siehe S. 29) zum Erkennen der Zusammenhänge zur Verfügung stellen.

Rechnen im Zahlenraum bis zwanzig

Neben den Muggelsteinen gehört zweifelsohne die Rechenkette zum Rechnen bis zwanzig. Bei einfachen Rechenaufgaben wie z. B. 8 + 5, 13 – 5 gehört sie zu den geeigneten Übungsmaterialien. Sie besteht aus 20 Holzperlen auf einem Faden, jeweils 5 Perlen sind in einer Farbe zusammengefasst. Die Fünferstruktur erleichtert dem Kind, sich die Zahlen und damit auch die Operationen im Kopf vorzustellen und damit zu Vorstellungsbildern zu gelangen. Leider wird im schulischen Anfangsunterricht oft nicht lange genug im Raum bis 20 mit Materialien gerechnet.

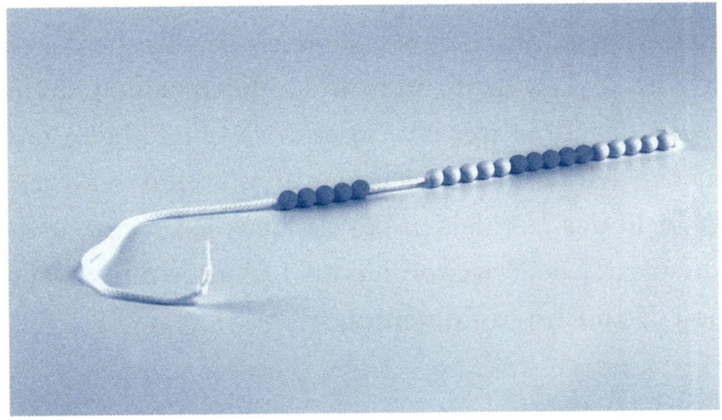

Rechenkette

Wenn Sie mit Ihrem Kind üben, sollten Sie mit einfachen Aufgaben bis 6 beginnen (3 + 2, 5 – 3), die, häufig bereits ohne zu zählen, gleichzeitig auf einen Blick (simultan) erfasst werden können. Dann werden die Aufgaben schrittweise erweitert, indem immer mehr Perlen bis 20 hinzugenommen werden.

Ihr Kind kann auf diese Weise mit der Rechenkette – oder am Zwanzigerfeld mit Muggelsteinen – alle Aufgaben des kleinen Eins-plus-eins darstellen. Vorteile der Rechenkette gegenüber den Muggelsteinen sind der Zusammenhalt der Perlen und ihr leichter Transport. Eingeschränkt ist allerdings die Beweglichkeit der einzelnen Teile. Damit erlauben die Muggelsteine mehr Lösungsvarianten und können ohne Weiteres schrittweise auf größere Mengen erweitert werden. Eine Rechenkette mit 100 Perlen wird nämlich leicht unübersichtlich. Die Entscheidung für das eine oder andere Material kann dem Kind überlassen werden. Das Gleiche gilt für den Rechenrahmen.

Er besteht aus jeweils 10 beweglichen Kugeln auf zwei im Rahmen befestigten Stangen. Gegenüber der Rechenkette hat er den Vorteil, dass Ihr Kind beim Rechnen beide Hände zum Bewegen der Teile frei hat. Hier wird – wie beim vorangegangenen Material – durch eine Fünfereinteilung der farbigen Kugeln das Vermeiden des Zählens jeder einzelnen Kugel unterstützt. Die Erweiterung auf 100 Kugeln führt zur Anschauung des nächsten Zahlenraums.

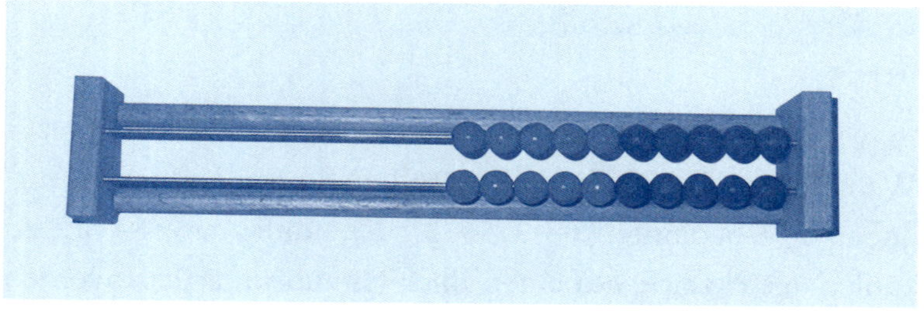

Rechenrahmen

Rechnen im Zahlenraum bis hundert

Neben den Muggelsteinen eignet sich die Erweiterung des Rechenrahmens zur (russischen) Rechenmaschine, die aus 100 Kugeln mit jeweils zweimal 5 farbigen, beweglichen Kugeln auf einer Stange besteht.

Sie ist insbesondere für Aufgaben zum Verdoppeln (z. B. 2 · 32) und Halbieren (z. B. 64 : 2) zweistelliger Zahlen geeignet. Sie eignet sich auch gut zur schrittweisen Erweiterung des Zahlenraums durch Addition und Subtraktion zweistelliger und einstelliger Zahlen wie 43 + 6, 67 – 5 (ohne Zehnerübergang) und 47 + 6, 54 – 8 (mit Zehnerübergang).

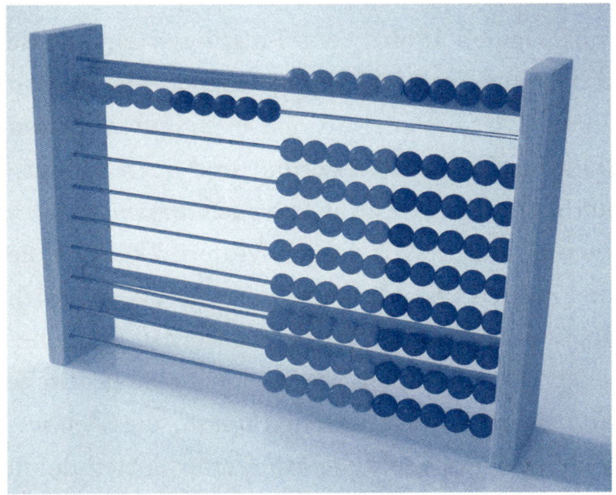

Russische Rechenmaschine

Ein gutes Übungsmaterial, um die Zehnerbündelung und das Stellenwertsystem zu veranschaulichen und Rechenaufgaben darzustellen, sind die Dienes-Blöcke.

Dienes-Material

Sie bestehen aus kleinen Holz- oder Plastikwürfeln. Diese gibt es sowohl als einzelne Würfel als auch *zusammengefasst* zu Zehnerstangen. Diese wiederum gibt es *zusammengefasst* zu Hunderterplatten. In der Erweiterung sind auch Tausenderblöcke erhältlich, die jeweils aus zehn *zusammengefassten* Hunderterplatten bestehen. Mit diesem Material können die Stellenwerte der Zahlen und Operationen sehr übersichtlich aus den einzelnen Teilen zusammengestellt werden. Die Dienes-Blöcke eignen sich außerdem sehr gut für eine grafische Darstellung, indem die Würfel durch Punkte, die Zehnerstangen durch kleine Striche und die Hunderterplatten durch kleine Vierecke repräsentiert werden.

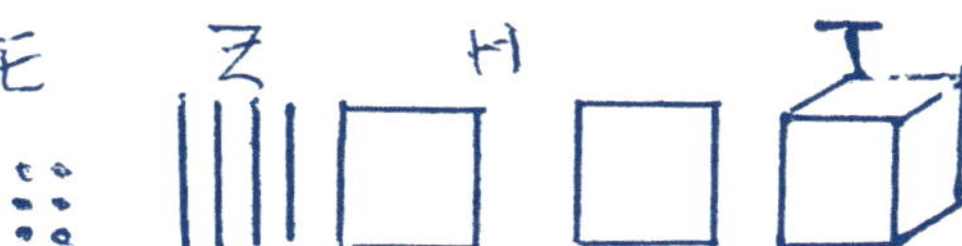

So kann beispielsweise die Zahl 143 in einer Stellentafel wie folgt grafisch dargestellt werden:

H	Z	E
■	||||	• • •

Das Hantieren mit den Dienes-Blöcken oder das Zeichnen der entsprechenden Symbole unterstützt nicht nur das Verständnis des Bündelungsprinzips und des Stellenwertsystems, sondern es eignet sich auch gut für die Behandlung der Rechenoperationen in größeren Zahlenräumen.

Ein besonderer Vorteil dieses Anschauungsmittels ist neben der leichten Handhabbarkeit auch seine einfache zeichnerische Darstellung größerer Zahlen. Es gibt kein anderes Material, das gleichzeitig eine so gute Übertragbarkeit in zeichnerische Symbole besitzt.

Als Ergänzung gibt es bei den Dienes-Blöcken auch Fünferstangen aus 5 zusammengefassten Würfeln, die es erleichtern, die Größe des jeweiligen Teils ohne Zählen zu erkennen.

Ein in der Schule häufig anzutreffendes und für einige Aufgaben auch geeignetes Anschauungsmittel ist die Hundertertafel.

Sie besteht aus hundert Feldern, die jeweils in Zehnerreihen (links beginnend) geordnet sind. In ihnen sind alle Zahlen bis hundert fortlaufend eingetragen. So eine Tafel ist leicht herzustellen und bietet einen guten Überblick über die Reihenfolge und den systematischen Aufbau der Zahlen bis 100. Ihr Kind kann mit ihr beispielsweise zu jeder Zahl die Vorgänger- und Nachfolgerzahl leicht erkennen und einen Überblick über die geraden Zahlen (durch zwei teilbaren) und ungeraden Zahlen (nicht durch zwei teilbaren) gewinnen. Weniger gut geeignet ist die Hundertertafel allerdings zur Darstellung von Rechenoperationen.

1	2	3	4	5	6	7	8	9	10
11	12	13	14	15	16	17	18	19	20
21	22	23	24	25	26	27	28	29	30
31	32	33	34	35	36	37	38	39	40
41	42	43	44	45	46	47	48	49	50
51	52	53	54	55	56	57	58	59	60
61	62	63	64	65	66	67	68	69	70
71	72	73	74	75	76	77	78	79	80
81	82	83	84	85	86	87	88	89	90
91	92	93	94	95	96	97	98	99	100

Hundertertafel

Bei unzureichender Vorstellung der Zahlenstruktur kann die Hundertertafel dazu verleiten, (z. B. bei einer Addition wie 36 + 43) rein mechanisch vorzugehen. Dabei wird häufig, ausgehend von dem Feld mit der Zahl 36, nach einem auswendig gelernten Schema vier Felder nach unten und dann drei Felder nach rechts gegangen und die Zahl im so erreichten Feld als Ergebnis genannt.

Diese mechanische Vorgehensweise (siehe S. 23) kann den Weg zum verständnisvollen Umgang mit den Rechenaufgaben verstellen, obwohl sie zum richtigen Ergebnis führt.

Rechnen im Zahlenraum bis tausend

Zur anschaulichen Erarbeitung des Tausenderraums eignet sich neben den Dienes-Blöcken, die ein konkretes Handeln ermöglichen, für eine bildliche Anschauung der Zahlen und Rechenoperationen das Tausenderbuch sehr gut.

Es besteht aus 10 cm × 10 cm großen, zusammenhängenden Hundertertafeln, die zu einem kleinen Buch gefaltet werden. Auf den 10 Vorderseiten des Buches sind die Zahlen bis 1000 systematisch angegeben, jeweils hundert auf einer Seite. Auf den Rückseiten finden sich 1000 Punkte (Tausenderfeld) in Form von 10 Hunderterfeldern, abwechselnd aus roten und blauen Punkten.

Dieses Tausenderbuch empfiehlt sich z.B. bei der Behandlung von Zerlegungsübungen größerer Zahlen (456 in 4 Hunderter, 5 Zehner und 6 Einer), der Addition und Subtraktion von Einern (156 + 6), von Zehnern (136 + 28) und von Hundertern (154 + 120), dem Ergänzen bis zum nächsten Zehner (238 bis zu 240), bis zum nächsten Hunderter (467 bis zu 500) und bis zum Tausender (568 bis 1000), dem Aufbau von Multiplikationsreihen mit Zehnerzahlen (1 · 90, 2 · 90, ...) und mit gemischten Zahlen (3 · 28, 6 · 32, ...).

Vorteile dieses von Wittmann und Müller (Klett Verlag) entwickelten Materials sind die Verbindung zwischen den symbolischen Zahlenangaben und den dazugehörigen Punktmengen in übersichtlicher Form und die praktische Handhabbarkeit.

Für das Üben mit der Stellentafel dreistelliger Zahlen eignen sich auch Ziffernplättchen.

Sie bestehen aus ca. 2 cm × 2 cm großen, farbigen Holzplättchen mit den Ziffern 1, 10, 100 und 1000. Sie können leicht in Stellentafeln gelegt werden. So kann z. B. die Zahl 234 wie angegeben in eine Stellenwerttafel eingetragen werden oder umgekehrt aus dieser Abbildung die Zahl abgelesen werden.

Die Zahl 234, mit Ziffernplättchen gelegt

Das Material eignet sich auch gut zum Addieren und Subtrahieren mit großen Zahlen in einer Stellentafel. Vorteile der Ziffernplättchen sind ihre Flexibilität, ihre leichte Handhabbarkeit und die Möglichkeit, sie selbst aus festem Papier oder Pappe in größerer Anzahl einfach herzustellen.

Rechnen im Zahlenraum über tausend

Je größer die Zahlen werden, desto schwieriger ist die Darstellung durch Anschauungsmaterial. Dennoch ist es auch bei großen Zahlen hilfreich, Darstellungen zu verwenden, die zumindest die Prinzipien des Bündelns und der Stellenwerte auch bei Zahlen über 1000 verdeutlichen. Allerdings ist es aus praktischen Gründen meist nicht möglich, die Zahlen bis eine Million mit konkretem Material wie den Dienes-Blöcken darzustellen.

Hilfreich ist deshalb die zeichnerische Darstellung der Zahlen entsprechend den Dienes-Blöcken wie auf Seite 174. Auf diese Weise können auch Zahlen über tausend zeichnerisch zusammengefügt und dargestellt werden. Mithilfe solch einer bildlichen Darstellung kann selbst der Aufbau der Zahlen bis eine Million, wenn auch etwas aufwändig, verdeutlicht werden. Beginnend mit einem gezeichneten Tausenderwürfel werden Tausenderwürfel zeichnerisch zu einer Stange aus zehn Tausenderwürfel und davon zehn zu einem Hunderttausenderblock und schließlich zehn Hunderttausenderblöcke zu einer Million zusammengefasst.

Empfehlenswert ist es, zu jeder einzelnen zeichnerischen

Darstellung die zugehörige Zahl mit der richtigen Anzahl von Nullen aufzuschreiben. Dabei kann Ihr Kind erkennen, dass jeweils eine Zehnerbündelung dazu führt, dass eine Null »drangehängt« wird.

Das Rechnen mit großen Zahlen wird erleichtert, wenn sie jeweils in eine entsprechend erweiterte Stellentafel eingetragen wird, z. B. 560.792 – 315.407.

HT	ZT	T	H	Z	E
5	6	0.	7	9	2
– 3	1 $_1$	5.	4	0 $_1$	7
2	4	5.	3	8	5

Hilfreich bei der Strukturierung und Sprechweise großer Zahlen ist es, jeweils nach drei Stellen einen kleinen Punkt zu setze (560.792).

Wie beim schriftlichen Rechnen gezeigt wurde, ist auch die konkrete Darstellung mit Geld sehr hilfreich, zum einen, weil die Kinder die Geldstücke und Geldscheine meist kennen, zum anderen eignen sie sich zum handelnden Rechnen. Die Darstellung erfolgt am besten in Stellenwerttafeln (siehe ab S. 81). Dabei kann ohne Weiteres die Einteilung mit 1-Cent-Stücken beginnen. Wesentlich ist, dass von einer Stelle zur anderen die Werte jeweils um 10 vergrößert (multipliziert) werden (z. B. 1 Cent · 10 = 10 Cent, 10 Cent · 10 = 1 Euro ...) und um 10 verkleinert (dividiert) werden (z. B. 100 Euro : 10 = 10 Euro, 10 Euro : 10 = 1 Euro ...).

Diese Multiplikation kann auch konkret mit Geld in Stellenwerttafeln dargestellt werden:

100 Euro	10 Euro	1 Euro	10 Cent	1 Cent
	10	10	10	10

Hilfreich zur Darstellung großer Zahlen sind natürlich Zahlenstrahlen, die durch entsprechend große Einteilungen der einzelnen Abschnitte auch sehr große Zahlen darstellen können. So können Sie die Zahl 10.000 durch 10 Abschnitte zu 1.000, die Zahl 100.000 durch 10 Abschnitte zu 10.000 und die Zahl eine Million durch 10 Abschnitte zu 100.000 sehr einfach zeichnerisch darstellen.

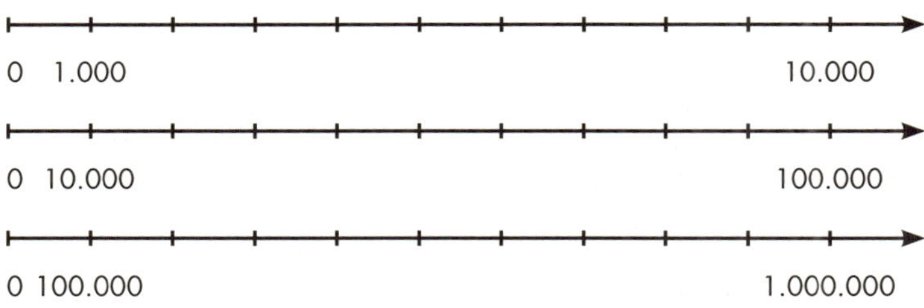

Mit derartigen Zahlenstrahlen kann man natürlich auch Rechenoperationen darstellen, die allerdings nicht mehr sehr übersichtlich sind. Deshalb ist es so wichtig, die Rechenoperationen und Rechenregeln bereits im Zahlenraum bis 1000 so gründlich zu behandeln, dass die Erweiterung des Zahlenraums ohne konkrete Darstellungen durch Analogieschlüsse und zeichnerische Darstellungen möglich wird.

Literaturverzeichnis

Ayres, A. J.: Bausteine der kindlichen Entwicklung. Die Bausteine der Integration der Sinne für die Entwicklung des Kindes. Heidelberg (Springer) 2002

Born, A.; Oehler, C.: Kinder mit Rechenschwäche erfolgreich fördern: Ein Praxishandbuch für Lehrer, Eltern und Therapeuten. Stuttgart (Kohlhammer) 2013

Bos, W., u. a. (Hrsg.): Erste Ergebnisse aus IGLU: Schülerleistungen am Ender der vierten Jahrgangsstufe im internationalen Vergleich. Münster (Waxmann) 2003

Bruner, J.: Entwurf einer Unterrichtstheorie. Berlin (Cornelsen) 1994

Dehaene, S.: Der Zahlensinn oder Warum wir rechnen können. Heidelberg (Birkhäuser) 1999

Floer, J.: Mathematik-Werkstatt. Lernmaterialien zum Rechnen und Entdecken für Klasse 1–4. Weinheim und Basel (Beltz) 1996

Fritz, A.; Ricken, G.; Schmidt, S.: Rechenschwäche. Weinheim und Basel (Beltz) 2003

Gerster, H.-G.: Vom Fingerrechnen zum Kopfrechnen. Methodische Schritte des zählenden Rechnens. In: Eberle; Kornmann: Lernschwierigkeiten und Vermittlungsprobleme im Mathematikunterricht an Grund- und Sonderschulen. Weinheim und Basel (Beltz) 1996

Gerster, G. und H.-G.: Lernkartei Grundlagen des Rechnens. Teil 1 und Teil 2. Stuttgart (Klett) 1994

Ginsburg, H.-P.: Mathematics Learning Disabilities. 1997

Heckhausen, H.: Förderung der Lernmotivation und der intellektuellen Tüchtigkeit. In: Roth, H.: Begabung und Lernen. Ergebnisse und Folgerungen neuer Forschung. Stuttgart (Klett) 1995

Helmke, A.: Individuelle Bedingungsfaktoren der Schulleistung: Ergebnisse aus dem Scholastik-Projekt 1997

Hessisches Kultusministerium: Rahmenplan Grundschule 1995

Kultusministerkonferenz: Beschluss vom 4.12.2003 i.d.F. vom 15.11.2007: Grundsätze zur Förderung von Schülerinnen und Schülern mit besonderen Schwierigkeiten im Lesen und Rechtschreiben oder im Rechnen, Beschluss vom 15.10.2004

KMK: Bildungsstandards im Fach Mathematik für den Primarbereich. Beschluss vom 20.10. 2011: Inklusive Bildung von Kindern und Jugendlichen mit Behinderung in Schulen

Naegele, I. M.: Praxisbuch LRS. Weinheim und Basel (Beltz) 2021 (2. überarb. Aufl.)

Naegele I.; Valtin, R. (Hrsg): LRS – Legasthenie in den Klassen 1–10: Schulische Förderung und außerschulische Therapien. Handbuch der Lese-Rechtschreib-Schwierigkeiten: Bd. 2. Weinheim und Basel (Beltz) 2001

Piaget, J.; Inhelder, B.: Die Psychologie des Kindes. München (dtv) 1993

Röhrig, R.: Mathematik mangelhaft. Fehler entdecken, Ursachen erkennen, Lösungen finden. Arithmasthenie /Dyskalkulie: Neue Wege beim Lernen. Reinbek (Rowohlt) 1996

Titze, I.; Tewes, U.: Messung der Intelligenz bei Kindern mit HAWIK-R. Bern (Huber) 2000

Velden, M.: Biologismus – Folge einer Illusion. Göttingen (V&R Unipress) 2005

Weißhaupt, S., et al.: Diagnose mathematischen Vorwissens im Vorschulalter und Vorhersage von Rechenleistungen und Rechenschwierigkeiten in der Grundschule. München (Reinhardt) 2006

Wehrmann, M.: Qualitative Diagnostik von Rechenschwierigkeiten. Berlin (Köster) 2003

Weltgesundheitsorganisation: Internationale Klassifikation psychischer Störungen ICD-10 Kapitel V(F). Bern (Huber) 2011 (8. vollständig korr. Aufl.)

Wendt, H. u. a. (Hrsg.): TIMSS Mathematische und naturwissenschaftliche Kompetenzen von Grundschulkindern. In: Deutschland im internationalen Vergleich. Münster (Waxmann) 2016, 2020

Westerhoff, N.: Neurodidaktik auf dem Prüfstand. In: Magazin Gehirn & Geist 12/2008

Wittmann, E.; Müller, G.: Handbuch produktiver Rechenübungen, Bd. 1 und 2. Stuttgart (Klett) 2004

Wittmann, E.; Müller, G.: Mein Tausenderbuch. Stuttgart (Klett) 2001

Zimmermann, K. R.: Begründung und Dokumentation eines für Kinder mit Rechenschwierigkeiten entwickelten integrativen Förderkonzepts. Berlin (Köster) 2005

Zimmermann, K. R.: Rechenschwierigkeiten erkennen und bewältigen. Den Erwerb mathematischer Kompetenz erleichtern. Weinheim und Basel (Beltz) 2014

Dank

Herzlich bedanke ich mich bei meiner Frau Ingrid, die mich durch intensive inhaltliche Diskussionen und Hilfe bei der Erstellung des Manuskripts sehr unterstützt hat. Mein Dank gilt auch den Eltern und Kindern für das Vertrauen, das sie mir bei den Beratungen und Therapien entgegengebracht haben. Ebenso gilt mein Dank Herrn Münch vom Beltz Verlag für die Manuskriptbearbeitung sowie Herrn Sibilla und Frau Kunde für die grafische Umsetzung.